プリント形式のリアル過去問で本番の臨場感！

鹿児島県

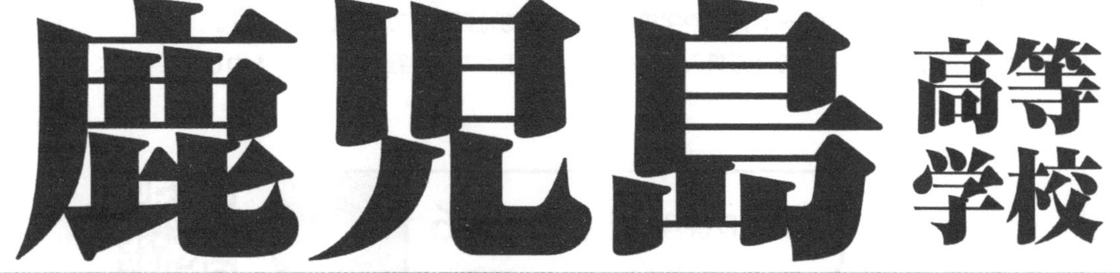

2025年春受験用 解答集

本書は，実物をなるべくそのままに，プリント形式で年度ごとに収録しています。
問題用紙を教科別に分けて使うことができるので，本番さながらの演習ができます。

■ 収録内容

・解答集(この冊子です)

書籍ＩＤ番号，この問題集の使い方，最新年度実物データ，リアル過去問の活用，
解答例と解説，ご使用にあたってのお願い・ご注意，お問い合わせ

・2024(令和６)年度 ～ 2022(令和４)年度　学力検査問題

○は収録あり	年度	'24	'23	'22		
■ 問題(一般入試)		○	○	○		
■ 解答用紙		○	○	○		
■ 配点						

解答はありますが
解説はありません

注)国語問題文非掲載:2024年度の3，2022年度の2

問題文の非掲載につきまして

著作権上の都合により，本書に収録している過去入試問題の本文の一部を掲載しておりません。ご不便をおかけし，誠に申し訳ございません。

本文の一部を掲載できなかったことによる国語の演習不足を補うため，論説文および小説文の演習問題のダウンロード付録があります。弊社ウェブサイトから書籍ＩＤ番号を入力してご利用ください。

なお，問題の量，形式，難易度などの傾向が，実際の入試問題と一致しない場合があります。

■　書籍ＩＤ番号

入試に役立つダウンロード付録や学校情報などを随時更新して掲載しています。
教英出版ウェブサイトの「ご購入者様のページ」画面で，書籍ＩＤ番号を入力してご利用ください。

書籍ＩＤ番号　101546  

（有効期限：2025年9月30日まで）

【入試に役立つダウンロード付録】
「ラストチェックテスト（標準／ハイレベル）」
「高校合格への道」

■　この問題集の使い方

年度ごとにプリント形式で収録しています。針を外して教科ごとに分けて使用します。①片側，②中央のどちらかでとじてありますので，下図を参考に，問題用紙と解答用紙に分けて準備をしましょう（解答用紙がない場合もあります）。

針を外すときは，けがをしないように十分注意してください。また，針を外すと紛失しやすくなりますので気をつけましょう。

① 片側でとじてあるもの

針を外す　⚠けがに注意

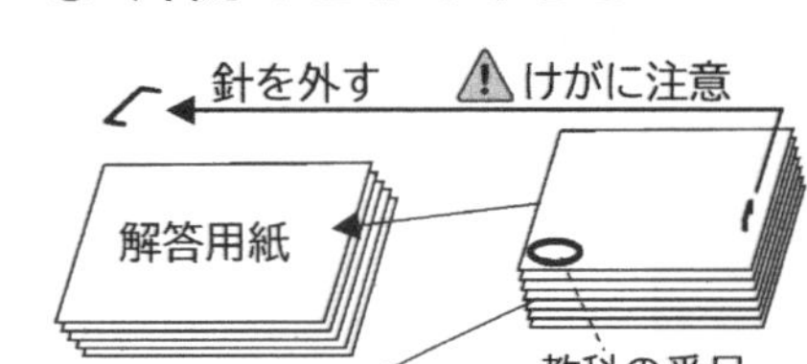

教科ごとに分ける。　⚠紛失注意

② 中央でとじてあるもの

針を外す　⚠けがに注意

解答用紙

教科の番号

問題用紙

教科ごとに分ける。　⚠紛失注意

※教科数が上図と異なる場合があります。
　解答用紙がない場合や，問題と一体になっている場合があります。
　教科の番号は，教科ごとに分けるときの参考にしてください。

■　最新年度　実物データ

実物をなるべくそのままに編集していますが，収録の都合上，実際の試験問題とは異なる場合があります。実物のサイズ，様式は右表で確認してください。

問題用紙	Ａ４冊子（二つ折り）
解答用紙	Ｂ４片面プリント

リアル過去問の活用

~リアル過去問なら入試本番で力を発揮することができる~

✿ 本番を体験しよう！

問題用紙の形式（縦向き／横向き），問題の配置や余白など，実物に近い紙面構成なので本番の臨場感が味わえます。まずはパラパラとめくって眺めてみてください。「これが志望校の入試問題なんだ！」と思えば入試に向けて気持ちが高まることでしょう。

✿ 入試を知ろう！

同じ教科の過去数年分の問題紙面を並べて，見比べてみましょう。

① 問題の量

毎年同じ大問数か，年によって違うのか，また全体の問題量はどのくらいか知っておきましょう。どのくらいのスピードで解けば時間内に終わるのか，大問ひとつにかけられる時間を計算してみましょう。

② 出題分野

よく出題されている分野とそうでない分野を見つけましょう。同じような問題が過去にも出題されていることに気がつくはずです。

③ 出題順序

得意な分野が毎年同じ大問番号で出題されていると分かれば，本番で取りこぼさないように先回りして解答することができるでしょう。

④ 解答方法

記述式か選択式か（マークシートか），見ておきましょう。記述式なら，単位まで書く必要があるかどうか，文字数はどのくらいかなど，細かいところまでチェックしておきましょう。計算過程を書く必要があるかどうかも重要です。

⑤ 問題の難易度

必ず正解したい基本問題，条件や指示の読み間違いといったケアレスミスに気をつけたい問題，後回しにしたほうがいい問題などをチェックしておきましょう。

✿ 問題を解こう！

志望校の入試傾向をつかんだら，問題を何度も解いていきましょう。ほかにも問題文の独特な言いまわしや，その学校独自の答え方を発見できることもあるでしょう。オリンピックや環境問題など，話題になった出来事を毎年出題する学校だと分かれば，日頃のニュースの見かたも変わってきます。

こうして志望校の入試傾向を知り対策を立てることこそが，過去問を解く最大の理由なのです。

✿ 実力を知ろう！

過去問を解くにあたって，得点はそれほど重要ではありません。大切なのは，志望校の過去問演習を通して，苦手な教科，苦手な分野を知ることです。苦手な教科，分野が分かったら，教科書や参考書に戻って重点的に学習する時間をつくりましょう。今の自分の実力を知れば，入試本番までの勉強の道すじが見えてきます。

✿ 試験に慣れよう！

入試では時間配分も重要です。本番で時間が足りなくなってあわてないように，リアル過去問で実戦演習をして，時間配分や出題パターンに慣れておきましょう。教科ごとに気持ちを切り替える練習もしておきましょう。

✿ 心を整えよう！

入試は誰でも緊張するものです。入試前日になったら，演習をやり尽くしたリアル過去問の表紙を眺めてみましょう。問題の内容を見る必要はもうありません。どんな形式だったかな？受験番号や氏名はどこに書くのかな？…ほんの少し見ておくだけでも，志望校の入試に向けて心の準備が整うことでしょう。

そして入試本番では，見慣れた問題紙面が緊張した心を落ち着かせてくれるはずです。

※まれに入試形式を変更する学校もありますが，条件はほかの受験生も同じです。心を整えてあせらずに問題に取りかかりましょう。

鹿児島高等学校

《国　語》

1　1．ア．たずさ　イ．習慣　ウ．展示　エ．背後　オ．造形〔別解〕造型　2．A．オ　B．ウ
3．AIやロボットと共生する社会が近づいている現実を踏まえて　4．重要性の高い低いがなく、平板なもの
5．重要でない　6．子どもへの愛情　7．ウ　8．イ

2　1．a．ア　b．イ　c．ウ　2．ウ　3．ア　4．ウ　5．しっかりと
6．この青い空の下で、家族と生きていく。　7．Ⅰ．ぼく　Ⅱ．つぐみ　Ⅲ．ウ

3　1．イ　2．エ　3．六　4．未来　5．こざとへん　6．ア　7．形容動詞　8．ウ　9．七
10．エ

4　1．(1)にわかに　(2)イ　2．ウ　3．相談／協力／会話 などから1つ　4．エ
5．最初…さらば　最後…くべき　6．イ　7．エ

《数　学》

1　(1)23　(2)$\frac{17}{70}$　(3)$-13a+14b$　(4)$3\sqrt{2}$　(5)$(x+7)(x-2)$　(6)$\frac{3\pm\sqrt{17}}{2}$　(7)100　(8)4π
(9)2535　(10)10

2　(1)$\frac{2}{5}$　(2)①72　②13　(3)①$\begin{cases} 7x+6y \\ 8x+2y+160 \end{cases}$　②150　(4)(Ⅰ)ウ　(Ⅱ)カ　(Ⅲ)ク

3　(1)25　(2)ウ，オ　(3)3組より2組のほうが範囲と四分位範囲がともに広いので，広く分布しているのは2組である。　(4)①

4　(1)y座標…2　$a=\frac{1}{2}$　(2)24　(3)(ⅰ)$y=2x+3$　(ⅱ)7：5

5　(1)15　(2)216　(3)120π　(4)84π

《英　語》

1　1．ウ　2．ア　3．イ　4．エ　5．ア

2　［2番目／4番目］　1．［ア／エ］　2．［ウ／オ］　3．［エ／ウ］　4．［エ／イ］　5．［オ／ウ］

3　1．イ　2．ア　3．ウ　4．エ　5．イ

4　問1．A．エ　B．ウ　C．ア　D．イ　問2．イ　問3．I were like her　問4．エ　問5．ウ
問6．ア，エ　問7．㋐couple　㋑surprising　㋒graduate

5　問1．①ウ　②ア　⑤オ　問2．エ　問3．優しさは決して悪いことではない　問4．ウ
問5．ウ→エ→イ→オ→ア　問6．c．remembered　d．kindness　問7．ウ，オ

《社　会》

1　Ⅰ．1．ア　2．イ　3．センターピボット　4．オ　5．a．中国　b．日本　6．ウ　7．イ

Ⅱ．1．ア　2．エ　3．イ　4．イ　5．ア　6．再開発

Ⅲ．自然災害伝承碑／約50年おきに供養碑を建立することによって，災害の記憶を後世にも伝承している。

2　Ⅰ．1．ウ　2．太政官　3．イ　4．イ→エ→ウ→ア　5．X．エ　Y．ア　6．A群…エ　B群…ク

Ⅱ．1．ア　2．オ　3．岩倉具視　4．清とは対等な条約をむすび，朝鮮とは日本に有利な不平等条約をむすんだ。　5．エ　6．イ　7．X．冷戦　Y．ソ連の崩壊

3　1．イ　2．エ　3．家計　4．国民投票　5．ア　6．イ→ア→エ→ウ　7．南南問題　8．ウ

9．Z．無罪の確証　W．有罪の確証が持てない　10．3　11．執行猶予　12．貨幣　13．景気循環

《理　科》

1　Ⅰ．1．④　2．記号…d　名称…反射鏡　3．(1)孔辺細胞　(2)⑦　4．(ア)○　(イ)×　(ウ)×

5．酢酸オルセイン〔別解〕酢酸カーミン

Ⅱ．1．顕性形質〔別解〕優性形質　2．(1)3：1　(2)75　3．Aa

2　Ⅰ．1．金属は熱を伝えやすいため。　2．露点　3．12.1　4．52　5．①高　②高

Ⅱ．1．水蒸気　2．①強い　②斑晶　③石基　3．石英／長石　4．イ　5．ウ

3　1．◎…キ　○…エ　●…イ　2．Mg＞Zn＞X＞Cu　3．亜鉛板…$Zn \rightarrow Zn^{2+} + 2e^-$　銅板…$2H^+ + 2e^- \rightarrow H_2$

4．すぐに電圧が低下すること。　5．ダニエル　6．ア　7．(1)①亜鉛板　②銅板　(2)②

4　Ⅰ．1．0.60　2．②0.20　③0.70　3．0.30

Ⅱ．1．(1)⑤　(2)③　2．(a)④　(b)①

2023 解答例
令和５年度

鹿児島高等学校

《国　語》

1　1．ア．提唱　イ．こた　ウ．曲解　エ．つの　オ．対処　2．A．オ　B．イ　3．一体感
4．ⅰ．対人関係〔別解〕人間関係　ⅱ．お互いに依存し合い、甘えを介して　5．イ　6．「わかってほしい」「わかってくれるはず」といった期待　7．人間は本来、切り離された別々の個体であることを忘れないようにすること。〔別解〕人間は本来、個と個が分離している存在であることを常に意識しておくこと。

2　1．ア．音信　イ．生地　ウ．納入　エ．口調　オ．動力　2．ウ　3．エ　4．ウ　5．もう少しで　6．那由多がクラスで孤立した原因は、那由多の事情を知っていながら黙っていた「わたし」にあると思うこと。　7．イ

3　1．ア，ウ　2．ウ　3．ア　4．ウ　5．エ　6．イ　7．必然　8．五　9．エ
10．はつがしら

4　1．あたえてかい　2．誰が…大名　何を…名馬〔別解〕馬　3．ア　4．馬飼が、食を飽くほど与えなかったから。〔別解〕馬飼が、飼料を奪い取ったから。　5．置きぬ　6．馬　7．エ　8．ウ

《数　学》

1　(1)18　(2)$\frac{7}{8}$　(3)$\sqrt{3}$　(4)a^3b^5　(5)$(2x+3y)(2x-3y)$
(6)$x=2$　$y=-1$　(7)105　(8)$\frac{12}{x}$　(9)$\frac{5}{12}$　(10)120

2　(1)①$\frac{128\sqrt{2}}{3}\pi$　②$64\pi$　(2)①5，西　②217　(3)①$81x$　②8，45　(4)右図

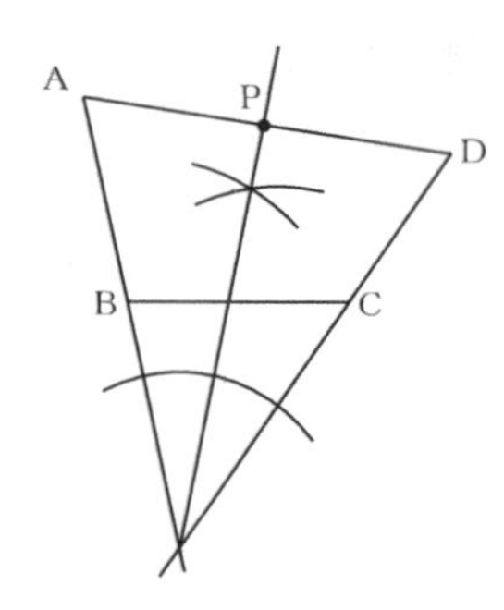

3　(1)イ　(2)イ　(3)(ⅰ)エ　(ⅱ)オ

4　(1)-9　(2)$-2x-3$　(3)(ア)1：2：6　(イ)$\frac{8\sqrt{5}}{15}\pi$

5　(1)$\sqrt{65}$　(2)66　(3)$\sqrt{601}$　(4)$\frac{18\sqrt{10}}{5}$

《英　語》

1　1．ウ　2．ウ　3．イ　4．イ　5．ウ

2　［2番目／4番目］　1．［ア／オ］　2．［イ／ウ］　3．［エ／オ］　4．［オ／イ］　5．［エ／ア］

3　1．イ　2．エ　3．イ　4．ウ　5．イ

4　問1．イ　問2．穴の中に埋めた　問3．angry　問4．where your picture was　問5．a．yellow
b．red　問6．イ　問7．①helped　②taken　③tell　④color　⑤thank

5　問1．ウ　問2．a．school　b．on　c．5:00　問3．was not　問4．イ　問5．I were you
問6．エ　問7．イ，オ

《社　会》

1　Ⅰ．1．アマゾン　2．エ　3．組み合わせ…ウ　家畜名…アルパカ　4．ア　5．ウ　6．記号…イ　作物名…大豆　Ⅱ．1．9，30　2．イ　3．E　4．ストロー　5．高知県はピーマンの入荷の平均価格が高くなる冬場に，促成栽培でピーマンを生産し，出荷している。　Ⅲ．1．ウ　2．高潮

2　Ⅰ．1．ア　2．(1)高麗　(2)十字軍　3．(1)北条時宗　(2)(永仁の)徳政令　4．ウ→イ→エ→ア　5．ウ　6．ラジオ(放送)　Ⅱ．1．中華民国　2．(1)X．アメリカ　Y．国内の反対により加盟しなかった　(2)大戦景気　3．(1)独ソ不可侵条約　(2)レジスタンス　4．ウ　5．エ

3　1．ウ　2．(1)エ　(2)ふるさと納税　3．ア　4．A．40　B．75　5．ウ　6．一人あたりの労働時間を短縮することで，多くの就業者をうみだすこと。　7．(1)法テラス　(2)③　(3)検察　8．(1)POSシステム　(2)ア　9．学校

《理　科》

1　Ⅰ．1．リンネ　2．無性生殖　3．(1)胞子　(2)イ　4．ウ，カ　Ⅱ．1．(i)a　(ii)b，d，e　(iii)c　2．オ，ク　3．A．胎生　B．ホニュウ類　C．クジラ／イルカ　などから1つ

2　Ⅰ．1．A．2　B．地球　C．反対　2．ウ　3．エ　4．②　5．イ　Ⅱ．1．化石…示相化石　記号…イ，ウ　2．ウ，エ　3．イ，エ，オ，カ

3　Ⅰ．1．$Fe+S \rightarrow FeS$　2．イ　3．イ，カ　4．[名称／化学式]　物質A…[水素／H_2]　物質B…[硫化水素／H_2S]　Ⅱ．1．4.8　2．a　3．オ　4．21.7

4　Ⅰ．1．③　2．全反射　3．ア．61　イ．小さく　Ⅱ．1．(1)12　(2)5　2．1　3．(1)$\frac{1}{6}$　(2)8

鹿児島高等学校

《国　語》

1　1．ア．方針　イ．検証　ウ．律　エ．回想　オ．かんきゅう　2．A．エ　B．イ　3．a．集中力　b．忍耐力　4．超一流の達人になるためには、努力と才能のどちらが必要か　5．ア　6．対義語…結果　類義語…素因　7．ア

2　1．ア．見当　イ．利発　ウ．きょ　エ．清潔　オ．混乱　2．a．エ　b．ア　3．ウ　4．トシが賢治の代わりに質屋を継ぐということをうれしく思ったこと。　5．エ　6．Ⅰ．将来　Ⅱ．期待〔別解〕希望

3　1．ア，ウ　2．おおがい　3．悪／苦　4．イ，ウ　5．五　6．イ　7．ウ　8．エ　9．ウ

4　1．よびかえして　2．ア　3．①ア　④ウ　4．枯れ色の小袖　5．イ　6．エ　7．ウ　8．エ

《数　学》

1　(1)11　(2)2　(3)$8\sqrt{5}$　(4)$\frac{x+7y}{6}$　(5)$(x+6)(x-5)$　(6)$\frac{5\pm\sqrt{13}}{2}$　(7)76　(8)18　(9)4　(10)6

2　(1)$\begin{cases} x=3 \\ y=-2 \end{cases}$　(2)①(ア)　②(エ)　③(オ)　④(イ)　(3)①$\frac{1}{9}$　②$\frac{4}{27}$　(4)①$(16\sqrt{3},\ 16)$　②$(0,\ -\frac{1}{8})$　(5)右図

3　(1)40　(2)40.5　(3)右図　(4)(ア)，(エ)，(オ)

4　(1)2　(2)$(5,\ \frac{25}{2})$　(3)49　(4)35

5　(1)$6-3\sqrt{3}$　(2)$9\sqrt{3}$　(3)$\frac{4\sqrt{5}}{3}\pi$　(4)7

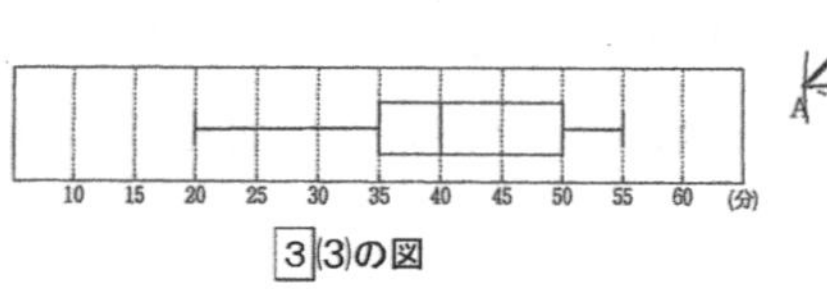

3(3)の図

P
A B
2(5)の図

《英　語》

1　1．エ　2．イ　3．ア　4．イ　5．ウ

2　［2番目／4番目］　1．［イ／オ］　2．［オ／ウ］　3．［イ／エ］　4．［イ／ア］　5．［オ／ウ］

3　1．イ　2．ア　3．ア　4．エ　5．イ

4　問1．ウ　問2．easy　問3．exciting　問4．ウ　問5．イ　問6．イ　問7．①speech　②built　③respected　④big　⑤interested

5　問1．spoke／told　問2．ア→エ→ウ→オ→イ　問3．she couldn't answer　問4．エ　問5．12　問6．選んだ紙…A　作った英単語…winner　問7．ア，エ

《社　会》

1　Ⅰ．1．AU〔別解〕アフリカ連合　2．ウ　3．難民　4．ウ　5．X．アブラやし　Y．プランテーション　6．人々の名称…ヒスパニック　記号…ウ　Ⅱ．1．政令指定都市　2．ウ　3．奥羽　4．地熱　5．オ　6．ア　7．農作業ができない冬の家のなかでできる副業　Ⅲ．C

2　1．X．最高機関　Y．立法機関　2．(1)ウ　(2)2017　(3)エ　3．(1)SDGs　(2)Z．文化的　W．最低限度　(3)パリ協定　4．NPO　5．公衆衛生　6．(1)ウ　(2)排他的経済水域〔別解〕EEZ　7．イ　8．ウ

3　Ⅰ．1．ア　2．X．唐　Y．イスラム〔別解〕イスラーム　3．ウ　4．十七条の憲法〔別解〕憲法十七条　5．聖武天皇　6．戦国大名〔別解〕戦国武将　7．イ　Ⅱ．1．異国船打払令／外国勢力を排除しようとした　2．エ　3．日米修好通商条約　4．ウ→ア→エ→イ　5．イ　6．ウ

《理　科》

1　1．エ　2．a．進化　b．葉緑体／細胞壁／液胞　3．化石　4．a．ア　b．ウ　c．オ　d．あ．肝臓　い．尿素　う．有毒

2　Ⅰ．1．柱状図　2．ウ　3．(1)オ　(2)ク　Ⅱ．1．ア．気圧　イ．気温　2．12　3．62　4．1400

3　Ⅰ．1．有機物　2．1.13　3．ウ　Ⅱ．1．(1)CO_2　(2)イ　(3)NaCl　2．(1)ア　(2)$Ba(OH)_2$　3．2.6

4　Ⅰ．1．フックの法則　2．13.8　3．2.4　4．12　Ⅱ．1．(1)8　(2)5400　(3)5　2．80

■ ご使用にあたってのお願い・ご注意

（1）問題文等の非掲載

著作権上の都合により，問題文や図表などの一部を掲載できない場合があります。

誠に申し訳ございませんが，ご了承くださいますようお願いいたします。

（2）過去問における時事性

過去問題集は，学習指導要領の改訂や社会状況の変化，新たな発見などにより，現在とは異なる表記や解説になっている場合があります。過去問の特性上，出題当時のままで出版していますので，あらかじめご了承ください。

（3）配点

学校等から配点が公表されている場合は，記載しています。公表されていない場合は，記載していません。

独自の予想配点は，出題者の意図と異なる場合があり，お客様が学習するうえで誤った判断をしてしまう恐れがあるため記載していません。

（4）無断複製等の禁止

購入された個人のお客様が，ご家庭でご自身またはご家族の学習のためにコピーをすることは可能ですが，それ以外の目的でコピー，スキャン，転載（ブログ，ＳＮＳなどでの公開を含みます）などをすることは法律により禁止されています。学校や学習塾などで，児童生徒のためにコピーをして使用することも法律により禁止されています。

ご不明な点や，違法な疑いのある行為を確認された場合は，弊社までご連絡ください。

（5）けがに注意

この問題集は針を外して使用します。針を外すときは，けがをしないように注意してください。また，表紙カバーや問題用紙の端で手指を傷つけないように十分注意してください。

（6）正誤

制作には万全を期しておりますが，万が一誤りなどがございましたら，弊社までご連絡ください。

なお，誤りが判明した場合は，弊社ウェブサイトの「ご購入者様のページ」に掲載しておりますので，そちらもご確認ください。

■ お問い合わせ

解答例，解説，印刷，製本など，問題集発行におけるすべての責任は弊社にあります。

ご不明な点がございましたら，弊社ウェブサイトの「お問い合わせ」フォームよりご連絡ください。迅速に対応いたしますが，営業日の都合で回答に数日を要する場合があります。

ご入力いただいたメールアドレス宛に自動返信メールをお送りしています。自動返信メールが届かない場合は，「よくある質問」の「メールの問い合わせに対し返信がありません。」の項目をご確認ください。

また弊社営業日（平日）は，午前９時から午後５時まで，電話でのお問い合わせも受け付けています。

2025 春

株式会社教英出版
〒422-8054　静岡県静岡市駿河区南安倍３丁目 12-28
TEL　054-288-2131　　FAX　054-288-2133
URL　https://kyoei-syuppan.net/
MAIL　siteform@kyoei-syuppan.net

教英出版　2025年春受験用　高校入試問題集

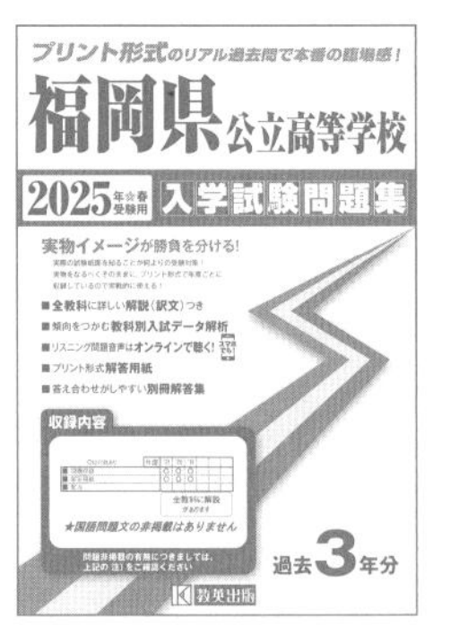

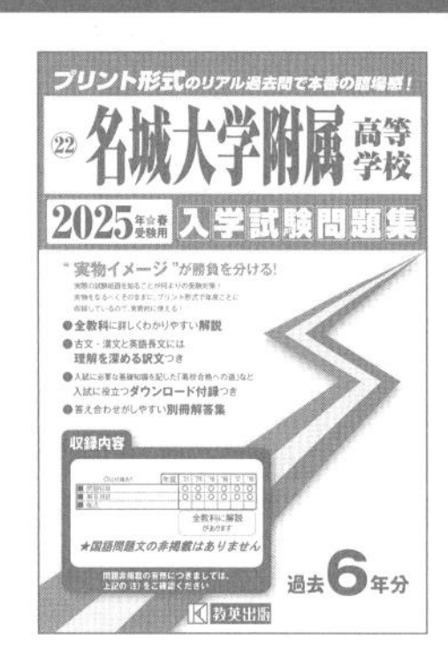

公立高等学校問題集

北海道公立高等学校
青森県公立高等学校
宮城県公立高等学校
秋田県公立高等学校
山形県公立高等学校
福島県公立高等学校
茨城県公立高等学校
埼玉県公立高等学校
千葉県公立高等学校
東京都立高等学校
神奈川県公立高等学校
新潟県公立高等学校
富山県公立高等学校
石川県公立高等学校
長野県公立高等学校
岐阜県公立高等学校
静岡県公立高等学校
愛知県公立高等学校
三重県公立高等学校(前期選抜)
三重県公立高等学校(後期選抜)
京都府公立高等学校(前期選抜)
京都府公立高等学校(中期選抜)
大阪府公立高等学校
兵庫県公立高等学校
島根県公立高等学校
岡山県公立高等学校
広島県公立高等学校
山口県公立高等学校
香川県公立高等学校
愛媛県公立高等学校
福岡県公立高等学校
佐賀県公立高等学校
長崎県公立高等学校
熊本県公立高等学校
大分県公立高等学校
宮崎県公立高等学校
鹿児島県公立高等学校
沖縄県公立高等学校

公立高 教科別8年分問題集

(2024年～2017年)

北海道(国·社·数·理·英)
宮城県(国·社·数·理·英)
山形県(国·社·数·理·英)
新潟県(国·社·数·理·英)
富山県(国·社·数·理·英)
長野県(国·社·数·理·英)
岐阜県(国·社·数·理·英)
静岡県(国·社·数·理·英)
愛知県(国·社·数·理·英)
兵庫県(国·社·数·理·英)
岡山県(国·社·数·理·英)
広島県(国·社·数·理·英)
山口県(国·社·数·理·英)
福岡県(国·社·数·理·英)

国立高等専門学校 最新5年分問題集

(2024年～2020年·全国共通)

対象の高等専門学校

釧路工業·旭川工業·
苫小牧工業·函館工業·
八戸工業·一関工業·仙台·
秋田工業·鶴岡工業·福島工業·
茨城工業·小山工業·群馬工業·
木更津工業·東京工業·
長岡工業·富山·石川工業·
福井工業·長野工業·岐阜工業·
沼津工業·豊田工業·鈴鹿工業·
鳥羽商船·舞鶴工業·
大阪府立大学工業·明石工業·
神戸市立工業·奈良工業·
和歌山工業·米子工業·
松江工業·津山工業·呉工業·
広島商船·徳山工業·宇部工業·
大島商船·阿南工業·香川·
新居浜工業·弓削商船·
高知工業·北九州工業·
久留米工業·有明工業·
佐世保工業·熊本·大分工業·
都城工業·鹿児島工業·
沖縄工業

高専 教科別10年分問題集

もっと過去問シリーズ
教科別
数学·理科·英語
(2019年～2010年)

学校別問題集

北海道
①札幌北斗高等学校
②北星学園大学附属高等学校
③東海大学付属札幌高等学校
④立命館慶祥高等学校
⑤北海高等学校
⑥北見藤高等学校
⑦札幌光星高等学校
⑧函館ラ・サール高等学校
⑨札幌大谷高等学校
⑩北海道科学大学高等学校
⑪遺愛女子高等学校
⑫札幌龍谷学園高等学校
⑬札幌日本大学高等学校
⑭札幌第一高等学校
⑮旭川実業高等学校
⑯北海学園札幌高等学校

青森県
①八戸工業大学第二高等学校

宮城県
①聖和学園高等学校(A日程)
②聖和学園高等学校(B日程)
③東北学院高等学校(A日程)
④東北学院高等学校(B日程)
⑤仙台大学附属明成高等学校
⑥仙台城南高等学校
⑦東北学院榴ケ岡高等学校
⑧古川学園高等学校
⑨仙台育英学園高等学校(A日程)
⑩仙台育英学園高等学校(B日程)
⑪聖ウルスラ学院英智高等学校
⑫宮城学院高等学校
⑬東北生活文化大学高等学校
⑭東北高等学校
⑮常盤木学園高等学校
⑯仙台白百合学園高等学校
⑰尚絅学院高等学校(A日程)
⑱尚絅学院高等学校(B日程)

山形県
①日本大学山形高等学校
②惺山高等学校
③東北文教大学山形城北高等学校
④東海大学山形高等学校
⑤山形学院高等学校

福島県
①日本大学東北高等学校

新潟県
①中越高等学校
②新潟第一高等学校
③東京学館新潟高等学校
④日本文理高等学校
⑤新潟青陵高等学校
⑥帝京長岡高等学校
⑦北越高等学校
⑧新潟明訓高等学校

富山県
①高岡第一高等学校
②富山第一高等学校

石川県
①金沢高等学校
②金沢学院大学附属高等学校
③遊学館高等学校
④星稜高等学校
⑤鵬学園高等学校

山梨県
①駿台甲府高等学校
②山梨学院高等学校(特進)
③山梨学院高等学校(進学)
④山梨英和高等学校

岐阜県
①鶯谷高等学校
②富田高等学校
③岐阜東高等学校
④岐阜聖徳学園高等学校
⑤大垣日本大学高等学校
⑥美濃加茂高等学校
⑦済美高等学校

静岡県
①御殿場西高等学校
②知徳高等学校
③日本大学三島高等学校
④沼津中央高等学校
⑤飛龍高等学校
⑥桐陽高等学校
⑦加藤学園高等学校
⑧加藤学園暁秀高等学校
⑨誠恵高等学校
⑩星陵高等学校
⑪静岡県富士見高等学校
⑫清水国際高等学校
⑬静岡サレジオ高等学校
⑭東海大学付属静岡翔洋高等学校
⑮静岡大成高等学校
⑯静岡英和女学院高等学校
⑰城南静岡高等学校
⑱静岡女子高等学校
⑲常葉大学附属常葉高等学校
　常葉大学附属橘高等学校
　常葉大学附属菊川高等学校
⑳静岡北高等学校
㉑静岡学園高等学校
㉒焼津高等学校
㉓藤枝明誠高等学校
㉔静清高等学校
㉕磐田東高等学校
㉖浜松学院高等学校
㉗浜松修学舎高等学校
㉘浜松開誠館高等学校
㉙浜松学芸高等学校
㉚浜松聖星高等学校
㉛浜松日体高等学校
㉜聖隷クリストファー高等学校
㉝浜松啓陽高等学校
㉞オイスカ浜松国際高等学校

愛知県
①[国立]愛知教育大学附属高等学校
②愛知高等学校
③名古屋経済大学市邨高等学校
④名古屋経済大学高蔵高等学校
⑤名古屋大谷高等学校
⑥享栄高等学校
⑦椙山女学園高等学校
⑧大同大学大同高等学校
⑨日本福祉大学付属高等学校
⑩中京大学附属中京高等学校
⑪至学館高等学校
⑫東海高等学校
⑬名古屋たちばな高等学校
⑭東邦高等学校
⑮名古屋高等学校
⑯名古屋工業高等学校
⑰名古屋葵大学高等学校
(名古屋女子大学高等学校)
⑱中部大学第一高等学校
⑲桜花学園高等学校
⑳愛知工業大学名電高等学校
㉑愛知みずほ大学瑞穂高等学校
㉒名城大学附属高等学校
㉓修文学院高等学校
㉔愛知啓成高等学校
㉕聖カピタニオ女子高等学校
㉖滝高等学校
㉗中部大学春日丘高等学校
㉘清林館高等学校
㉙愛知黎明高等学校
㉚岡崎城西高等学校
㉛人間環境大学附属岡崎高等学校
㉜桜丘高等学校

㉝光ヶ丘女子高等学校
㉞藤ノ花女子高等学校
㉟栄徳高等学校
㊱同朋高等学校
㊲星城高等学校
㊳安城学園高等学校
㊴愛知産業大学三河高等学校
㊵大成高等学校
㊶豊田大谷高等学校
㊷東海学園高等学校
㊸名古屋国際高等学校
㊹啓明学館高等学校
㊺聖霊高等学校
㊻誠信高等学校
㊼誉高等学校
㊽杜若高等学校
㊾菊華高等学校
㊿豊川高等学校

三重県

①暁高等学校(3年制)
②暁高等学校(6年制)
③海星高等学校
④四日市メリノール学院高等学校
⑤鈴鹿高等学校
⑥高田高等学校
⑦三重高等学校
⑧皇學館高等学校
⑨伊勢学園高等学校
⑩津田学園高等学校

滋賀県

①近江高等学校

大阪府

①上宮高等学校
②大阪高等学校
③興國高等学校
④清風高等学校
⑤早稲田大阪高等学校
(早稲田摂陵高等学校)
⑥大商学園高等学校
⑦浪速高等学校
⑧大阪夕陽丘学園高等学校
⑨大阪成蹊女子高等学校
⑩四天王寺高等学校
⑪梅花高等学校
⑫追手門学院高等学校
⑬大阪学院大学高等学校
⑭大阪学芸高等学校
⑮常翔学園高等学校
⑯大阪桐蔭高等学校
⑰関西大倉高等学校
⑱近畿大学附属高等学校
⑲金光大阪高等学校
⑳星翔高等学校
㉑阪南大学高等学校
㉒箕面自由学園高等学校
㉓桃山学院高等学校
㉔関西大学北陽高等学校

兵庫県

①雲雀丘学園高等学校
②園田学園高等学校
③関西学院高等部
④灘高等学校
⑤神戸龍谷高等学校
⑥神戸第一高等学校
⑦神港学園高等学校
⑧神戸学院大学附属高等学校
⑨神戸弘陵学園高等学校
⑩彩星工科高等学校
⑪神戸野田高等学校
⑫滝川高等学校
⑬須磨学園高等学校
⑭神戸星城高等学校
⑮啓明学院高等学校
⑯神戸国際大学附属高等学校
⑰滝川第二高等学校
⑱三田松聖高等学校
⑲姫路女学院高等学校
⑳東洋大学附属姫路高等学校
㉑日ノ本学園高等学校
㉒市川高等学校
㉓近畿大学附属豊岡高等学校
㉔夙川高等学校
㉕仁川学院高等学校
㉖育英高等学校

奈良県

①西大和学園高等学校

岡山県

①[県立]岡山朝日高等学校
②清心女子高等学校
③就実高等学校
(特別進学コース〈ハイグレード・アドバンス〉)
④就実高等学校
(特別進学チャレンジコース・総合進学コース)
⑤岡山白陵高等学校
⑥山陽学園高等学校
⑦関西高等学校
⑧おかやま山陽高等学校
⑨岡山商科大学附属高等学校
⑩倉敷高等学校
⑪岡山学芸館高等学校(1期1日目)
⑫岡山学芸館高等学校(1期2日目)
⑬倉敷翠松高等学校
⑭岡山理科大学附属高等学校
⑮創志学園高等学校
⑯明誠学院高等学校
⑰岡山龍谷高等学校

広島県

①[国立]広島大学附属高等学校
②[国立]広島大学附属福山高等学校
③修道高等学校
④崇徳高等学校
⑤広島修道大学ひろしま協創高等学校
⑥比治山女子高等学校
⑦呉港高等学校
⑧清水ヶ丘高等学校
⑨盈進高等学校
⑩尾道高等学校
⑪如水館高等学校
⑫広島新庄高等学校
⑬広島文教大学附属高等学校
⑭銀河学院高等学校
⑮安田女子高等学校
⑯山陽高等学校
⑰広島工業大学高等学校
⑱広陵高等学校
⑲近畿大学附属広島高等学校福山校
⑳武田高等学校
㉑広島県瀬戸内高等学校(特別進学)
㉒広島県瀬戸内高等学校(一般)
㉓広島国際学院高等学校
㉔近畿大学附属広島高等学校東広島校
㉕広島桜が丘高等学校

山口県

①高水高等学校
②野田学園高等学校
③宇部フロンティア大学付属香川高等学校
(普通科〈特進・進学コース〉)
④宇部フロンティア大学付属香川高等学校
(生活デザイン・食物調理・保育科)
⑤宇部鴻城高等学校

徳島県

①徳島文理高等学校

香川県

①香川誠陵高等学校
②大手前高松高等学校

愛媛県

①愛光高等学校
②済美高等学校
③FC今治高等学校
④新田高等学校
⑤聖カタリナ学園高等学校

福岡県

①福岡大学附属若葉高等学校
②精華女子高等学校(専願試験)
③精華女子高等学校(前期試験)
④西南学院高等学校
⑤筑紫女学園高等学校
⑥中村学園女子高等学校(専願入試)
⑦中村学園女子高等学校(前期入試)
⑧博多女子高等学校
⑨博多高等学校
⑩東福岡高等学校
⑪福岡大学附属大濠高等学校
⑫自由ケ丘高等学校
⑬常磐高等学校
⑭東筑紫学園高等学校
⑮敬愛高等学校
⑯久留米大学附設高等学校
⑰久留米信愛高等学校
⑱福岡海星女子学院高等学校
⑲誠修高等学校
⑳筑陽学園高等学校(専願入試)
㉑筑陽学園高等学校(前期入試)
㉒真颯館高等学校
㉓筑紫台高等学校
㉔純真高等学校
㉕福岡舞鶴高等学校
㉖折尾愛真高等学校
㉗九州国際大学付属高等学校
㉘祐誠高等学校
㉙西日本短期大学附属高等学校
㉚東海大学付属福岡高等学校
㉛慶成高等学校
㉜高稜高等学校
㉝中村学園三陽高等学校
㉞柳川高等学校
㉟沖学園高等学校
㊱福岡常葉高等学校
㊲九州産業大学付属九州高等学校
㊳近畿大学附属福岡高等学校
㊴大牟田高等学校
㊵久留米学園高等学校
㊶福岡工業大学附属城東高等学校(専願入試)
㊷福岡工業大学附属城東高等学校(前期入試)
㊸八女学院高等学校
㊹星琳高等学校
㊺九州産業大学付属九州産業高等学校
㊻福岡雙葉高等学校

佐賀県

①龍谷高等学校
②佐賀学園高等学校
③佐賀女子短期大学付属佐賀女子高等学校
④弘学館高等学校
⑤東明館高等学校
⑥佐賀清和高等学校
⑦早稲田佐賀高等学校

長崎県

①海星高等学校(奨学生試験)
②海星高等学校(一般入試)
③活水高等学校
④純心女子高等学校
⑤長崎南山高等学校
⑥長崎日本大学高等学校(特別入試)
⑦長崎日本大学高等学校(一次入試)
⑧青雲高等学校
⑨向陽高等学校
⑩創成館高等学校
⑪鎮西学院高等学校

熊本県

①真和高等学校
②九州学院高等学校(奨学生・専願生)
③九州学院高等学校(一般生)
④ルーテル学院高等学校(専願入試・奨学入試)
⑤ルーテル学院高等学校(一般入試)
⑥熊本信愛女学院高等学校
⑦熊本学園大学付属高等学校(奨学生試験・専願生試験)
⑧熊本学園大学付属高等学校(一般生試験)
⑨熊本中央高等学校
⑩尚絅高等学校
⑪文徳高等学校
⑫熊本マリスト学園高等学校
⑬慶誠高等学校

大分県

①大分高等学校

宮崎県

①鵬翔高等学校
②宮崎日本大学高等学校
③宮崎学園高等学校
④日向学院高等学校
⑤宮崎第一高等学校(文理科)
⑥宮崎第一高等学校(普通科・国際マルチメディア科・電気科)

鹿児島県

①鹿児島高等学校
②鹿児島実業高等学校
③樟南高等学校
④れいめい高等学校
⑤ラ・サール高等学校

新刊
もっと過去問シリーズ

愛知県

愛知高等学校
7年分(数学・英語)

中京大学附属中京高等学校
7年分(数学・英語)

東海高等学校
7年分(数学・英語)

名古屋高等学校
7年分(数学・英語)

愛知工業大学名電高等学校
7年分(数学・英語)

名城大学附属高等学校
7年分(数学・英語)

滝高等学校
7年分(数学・英語)

※もっと過去問シリーズは入学試験の実施教科に関わらず、数学と英語のみの収録となります。

教英出版

〒422-8054
静岡県静岡市駿河区南安倍3丁目12－28
TEL 054-288-2131
FAX 054-288-2133
詳しくは教英出版で検索
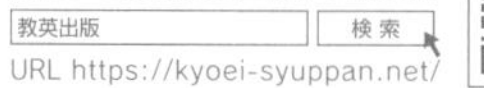

URL https://kyoei-syuppan.net/

令和6年度

学校法人 津曲学園 **鹿児島高等学校入学試験問題**

第1時限

国　　語

（50分）

（注　　意）

1 「始め」の合図があるまで，開いてはいけません。

2 問題用紙は表紙を入れて11ページあります。これとは別に解答用紙が1枚あります。

3 「始め」の合図があったら，解答用紙の志望学科・コースの所定の欄に○印をし，受験番号を記入しなさい。

4 答えは，**すべて解答用紙の枠内に記入しなさい。**

5 「やめ」の合図があったら，すぐに筆記用具を置きなさい。

2024(R6) 鹿児島高
K 教英出版

1 次の文章はＡＩによって変化する社会と人間の関係について述べています。よく読んで、あとの１～８の問いに答えなさい。

1 私たちの労働や生活が、どんなふうに変わるかを見てきました。代替されてしまう職業があることもわかりました。ショッキングな現実ではありますが、その一方で、人間にしかできないこともある、それも見えてきました。

2 [A]共存することで、お互いを活(い)かし合える道があることもわかりました。そう、ＡＩやロボットと共生する社会はすぐそこまで来ています。これから社会に出ていくみなさんが、そうした現実を踏まえて学校でどんなことを学んでいく必要があるかを、ここからは考えたいと思います。人によって①それは、将来どんな仕事や技術開発に携(ア)わっていくかということに通じるものでもあるでしょう。また別の人にとっては、人間にしかできない仕事について、工夫や強化を考えることに通じていくでしょう。

3 後者において私が注目するのは、近未来においてもＡＩの実現が遠いと考えられる、人間的な側面である「共感」です。共感は英語に訳すと“sympathy”あるいは、“empathy”と二つあることに気づきます。前者は日本語では「同情」と言い換えられます。後者には他者の立場に身を置き、積極的に相手を理解しようとする、といった意味が含まれます。[B]「共感」とは、他者の感情だけでなく、意図を理解し、共有することなのです。

4 前章で説明したように、深層学習というＡＩの技術は、写真や音声のような複雑なパターンを、意味を持つ記号や数値として②「まとめる技術」です。人間の意識や意図、ましてや他者に対する気遣いのようなものを組み込んでいるわけではありません。

5 「共感」はみなさんが生活してくる中で、特に意識せず身についてきているものかもしれません。ましてや学校の教科の中で特別に教わることもなかったと思います。強いて言えば、共感に関わる学びの機会としては、演劇や多文化共生学習などがあげられるでしょう。

6 前者では、他者を演じることで、他者の気持ち、立場になってみて考える機会となります。後者では、異なる文化を持つ人たちのシュウカン(イ)や考え方を知ることで、その人たちが直面している問題を一緒に考えて解決したりすることや、そこから自分たちの問題も解決する糸口になる可能性もあります。

7 では共感力を高めるために、普段からできることはなんでしょうか。それはちょっとしたことに気づくこと、まわりを見渡してみることだと考えます。こんなことから気づく共感もあるという例を紹介しましょう。

8 私の住む函館市には、市内の縄文時代の遺跡群から出土品を集めてテンジ(ウ)している縄文文化交流センターがあります。これまで一〇回以上訪れています。私のここの一番のお気に入りは足形付土版(あしがたつきどばん)。文様を付けた粘土板に子どもの足を押し付けてその形を写し、残したものです。北海道・東北地方に偏って出土しています。幼くして亡くなった子どもの形見として身近につるす、あるいは副葬品だったなどと考えられています。一万三〇〇〇年前から約一万年間続いたといわれる縄文時代。これを見るたびに、数千年もの時を超えて変わらない、子どもへの愛情を感じます。

9 現代では一般に、記録として残すための手段として、文書や写真があります。手軽に残せる一方で、それぞれは数多く保有するデジタルデータやファイルの一つとして重要性の高い低いがなく、平板なものになってしまいます。この状況をフラット・インポータンス（重要性の平板化）現象と言います。あらゆるものが等しく「重要である」ということ、すなわちそれを言い換えると、あらゆるものが等しく「【　　】」ということになってしまうのです。それに対しこの粘土板は、「真」を「写」す「写真」として、そのハイゴ（エ）にある思い（③）も含めて伝える力があると感じます。これを見ると人間には、縄文時代から「共感」する力はあったと思えてなりません。

10 縄文時代は、約一万年の間に大規模な気候変動も経験しています。自然環境に適応しつつ、狩猟しながら定住した時代。土器や土偶の美しいゾウケイ（オ）が文化として花開いたことから、安定した社会があったことをうかがい知ることができます。土器や土偶の製作には、森や海、命への思い、繊細な気遣い、技術があったことも近年の研究からわかってきています。

11 食料、環境、貧困、戦争など、様々な問題がある現代。④持続可能な社会であるためのヒントが、縄文時代にはありそうです。

（美馬のゆり『AIの時代を生きる』岩波ジュニア新書による）

1 ＝＝線部ア～オのカタカナは漢字に、漢字はひらがなに直せ。

2 本文中の［A］・［B］に入る適当な語を次から選び、それぞれ記号で答えよ。

ア なぜなら　イ しかし　ウ つまり

エ ところで　オ また　カ まして

3 ――線部①「それ」の指す内容を次のようにまとめた。（　　）に合うように本文中の言葉を使って二十五字以上三十字以内で答えよ。

（　　　）学校で何を学んでいく必要があるかを考えること。

4 ――線部②「まとめる技術」とあるが、筆者は「まとめる技術」にはどのような点に問題があると考えているか。解答欄に合うように十七字で本文中から抜き出せ。

5 「【　　】」について、内容を考えて補うにふさわしい言葉を五字で答えよ。

6 ――線部③「思い」とはどのような思いか。本文中から七字で抜き出して答えよ。

7 ――線部④「持続可能な社会であるためのヒントが、縄文時代にはありそうです」とあるが、筆者は縄文時代のどのような点が、現代社会のヒントになると考えているか。最も適当なものを次から選び、記号で答えよ。

ア 現代と同様に、将来どんな仕事をしたいかを考えることで他者への共感力を高め、安定した社会を持続できた点。

イ 現代と同様に、他者への共感力を高める方法を学びながら社会の問題を乗り越え、安定した社会を持続できた点。

ウ 現代と同様に、社会に問題を抱えながらも、他者への共感をもって生きることで、安定した社会を持続できた点。

エ 現代と同様に、多くの文化を生み出しながら生きる中で、他者への共感を抱いて、安定した社会を持続できた点。

8 次は、本文をもとに話し合っている生徒の会話である。先生からの問いに最も適当な考えを述べているのは誰か。次の**ア**～**エ**から選び、記号で答えよ。

先生 筆者は[6]段落で、多文化共生学習は「自分たちの問題も解決する糸口になる可能性」もある、と述べているけれど、どういうことだろう。具体例で説明できますか。

ア **生徒A** 他者の気持ちになって考えることが問題解決につながるということだよね。悩んでいる人の話を共感しながら聞くことで、その人の気持ちが軽くなると聞いたことがあるよ。これは具体例になると思う。

イ **生徒B** 車椅子を使う人の意見を反映させて車椅子でも移動しやすい歩道を作ったことで、大きな荷物やベビーカーの移動も楽になったとニュースで見たよ。これは自分たちの問題も解決する具体例だと思う。

ウ **生徒C** 一緒に解決するという点に注目すると、学級委員や体育大会の選手を決める時に、私のクラスではよく話し合った後に投票で選ぶから、皆満足しているよ。クラスでの話し合いは、良い具体例になるね。

エ **生徒D** AIの翻訳技術が向上して、自国語しか話せない人同士でもスマートフォンを使って交流しやすくなり、海外でトラブルが発生しても現地の方と一緒に解決できるようになったことも、良い具体例だね。

2 次の文章を読んで、あとの1～7の問いに答えなさい。

中学三年生のぼくの家族は、妹つぐみの病気療養のため、埼玉県から富士山の見える山梨県へ移住した。大きな環境の変化に家族はとまどい、ぼくは、埼玉の高校へ進学するか、地元の高校へ進学するか迷っている。そんな中、つぐみがマムシにかまれ急きょ入院することになった。大事には至らず、やがて体調も回復し退院することになった。

「退院したばかりだから、花火大会を見に河川敷まで行くのは来年にしような」

とうさんが、花火の上がる方角を見定めて、夕方縁側の前にテーブルを置いた。かあさんが蚊よけの蚊連草(注)の鉢を縁側の下にならべた。白いタオルを頭に巻いて、扇風機の前で早くもビールを飲みだしたとうさんに、

「オヤジくさっ」

と、つぶやくと、

「だって、オヤジだもん」

とうさんはふざけて、口をとがらしてみせた。

切ったスイカとゆでたてのトウモロコシをテーブルに置いて、かあさんが、

「つぐみ、来年は浴衣を縫ってあげるね」

笑いながら左手で、とうさんの手の缶ビールを奪って、ぐいっとひと口飲んだ。

七時をすぎて、花火が上がった。南アルプスの山の上からは小さくしか見えなかったけど、甲府盆地の夜景の上に開いていく色とりどりの花火は、星空に咲いたあでやか(a)な花みたいだった。

「さあ、明日からまた、がんばるぞお!」

とうさんもかあさんも、ぬか漬けをつまみにビールを飲んで、上機嫌だった。

つぐみはスイカを食べて種を地面にひとつずつ落として、

「ねえ。ここからスイカの芽が出る?」

と、ぼくの横腹をひじでくいくい押してきた。

「出るよ。きっと」

答えて、ぼくもスイカの種を地面に吐きだした。

「あ、つぐみのアサガオ、明日咲くよ」

ふとんに入ったつぐみに、かあさんがいった。

空が白みかけたころ、ぼくは目が覚めてトイレに立った。スイカを食べすぎて、もらす寸前だった。無事、トイレから出て縁側へまわったとき、ガラス戸の外につぐみとピコ(注)がならんで座っているのに気づいた。

「何やってんだ?」

つぶやいて、ガラス越しによく見ると、つぐみの前にアサガオの鉢がある。ぼ

くはガラス戸を静かに引いて、外に出た。つぐみは濡れ縁にじっと座ったまま動かなかった。ピコが少しシッポをふったけど、つぐみを気づかうように、すぐに伏せをした。

「おい。何してんだ」

ぼくが、小声でつぐみの耳元にささやきかけると、つぐみはぼくのほうをむかず、アサガオのつぼみをただじっと見つめている。

「アサガオが、咲くの。どんなふうに咲くのか、見てるんだよ」

ぼくは黙りこんだ。つぐみは、息もころしているみたいに、微動だにせず、アサガオのつぼみを見つめている。

ぼくはそのつぐみの横顔を、じっと見つめた。それは、ぼくにとっては長い長い時間だったけど、本当の時間にすれば、たったの三十秒ぐらいかもしれなかった。

そしてそれからもじっと動かずに、つぐみはひたすらアサガオのつぼみを見つめつづけた。

①ぼくは、そっと、つぐみの横に座りなおした。

盆地の向こう側に鎮座する大きな黒い富士山の頂の左側が、きらりと光り、その光がゆっくりと時間をかけて少しずつふくらんだ。

やがて、光はいくつもの筋に分かれ、山肌を這いながら人間たちの住む町へと下りていった。空は朱色と紫色のグラデーションに染まり、その色はしだいにあざやかに光をふくんでかがやきだす。

「寒くない？」と聞いた。

つぐみは、かすかに首を横にふった。目は何分も、きっと何十分も、アサガオのつぼみにむけられたまま。

飽きないのかな。ぼくは考えた。こんなに長いこと、小さなひとつの花のつぼみを見つめつづけるなんて、ぼくにはきっとできない。

そのとき、気づいたんだ。

つぐみの中で、時間はこんなふうに流れていたんだ、って。

ぼくの、弱くて小さかった妹は、しっかりと自分の時間の流れを持って生きてきたのか。

アサガオは咲いた。一時間以上かけて、人間の目ではとうていわからない速度で、ゆっくりと、そして□咲いた。

朝焼け色の花だった。

「今日も暑くなりそうだな」

とうさんが、フキと油揚げのみそ汁をすすりながら、つぶやいた。

朝の食卓は、いつもと変わらない。

カッコウの声が聞こえる。

引っ越してから、朝、テレビを見なくなった。

山から届く音を聞きながら食べる朝ごはん。

つぐみも、早起きしていつもよりおなかがすいたのか、箸の動きが忙しい。

④「あのさ、やっぱり、山梨の高校に行くことにした」

ぼくはとうさんとかあさんにむかっていった。

この青い空の下で、家族と生きていく。

開け放した扉のむこうで、⑤アサガオの花が小さくゆれた。

（森島いずみ『ずっと見つめていた』による）

（注）蚊連草 ＝ 蚊を寄せ付けないとされる植物。葉を触るとさわやかな香りを放つ。
ピコ ＝ ペットの子犬の名前。

1 ═══ 線部a～cの本文中における意味として最も適当なものを次の各群のア～エからそれぞれ選び、記号で答えよ。

a あでやかな

ア 華やかでうつくしいさま　イ さっぱりと清らかなさま

ウ 明るくすがすがしいさま　エ 派手で目立っているさま

b 鎮座

ア 黙りながら座ること　イ どっかりと座ること

ウ 並びながら座ること　エ かしこまり座ること

c グラデーション

ア 色彩が薄れてなくなるさま　イ 大量の色が混じり合うさま

ウ 段階的に移り変わるさま　エ はっきりと変化するさま

2 ――― 線部①「ぼくは、そっと、つぐみの横に座りなおした」とあるが、ぼくはどんな気持ちでそうしたのか。最も適当なものを次から選び、記号で答えよ。

ア つぐみの気持ちに寄り添いつつ、楽しく過ごしてあげよう。

イ つぐみのわがままに、最後まで自分もつきあってあげよう。

ウ つぐみのひたむきな思いを、じっくりと見守ってあげよう。

エ つぐみの行動につきあって、我慢してそばにいてあげよう。

3　――線部②「大きな黒い富士山の頂の左側が、きらりと光り、その光がゆっくりと時間をかけて少しずつふくらんだ」とはどのような情景を表しているか。最も適当なものを次から選び、記号で答えよ。

ア　夜の闇に包まれていた富士山に朝日が昇り始め、しだいに空が明るくなっていく様子。

イ　雲に囲まれていた富士山の頂に静かに太陽の光が射し込み、気温が上がりだした様子。

ウ　富士山の頂を淡く照らしていた月の光がはっきりと輝きを増し、空全体に広がる様子。

エ　富士山に月の光が射して、しだいに明るくなり、昼間の明るさと変わらなくなる様子。

4　――線部③「光はいくつもの筋に分かれ、山肌を這いながら人間たちの住む町へと下りていった」とあるが、ここで使われている表現技法を次から選び、記号で答えよ。

ア　倒置法　**イ**　対句法　**ウ**　擬人法　**エ**　直喩法

5　本文中の□に入る語句を本文中から五字で抜き出して答えよ。

6　――線部④「あのさ、やっぱり、山梨の高校に行くことにした」と言ったときの、ぼくの決意を示す一文を本文中から抜き出して答えよ。

7　次は、――線部⑤「アサガオの花が小さくゆれた。」の一文について生徒たちが話し合っている場面である。［Ⅰ］・［Ⅱ］に入るのは誰か。それぞれ本文中から抜き出し、［Ⅲ］には後の語群から適当な語を一つ選び、記号で答えよ。

先　生　「アサガオの花がゆれた。」ってあるけど、なにかを象徴しているみたいだね。

生徒A　最後の一文は、アサガオがうなずいているような気がする。

生徒B　そう。アサガオの花がまるで［Ⅰ］の思いを肯定しているみたいだ。

生徒C　そうか。ゆっくりとした速度で咲くアサガオの花に［Ⅱ］の姿を感じているから、「ゆれた」というのはきっと［Ⅰ］の決意に対して「うん、うん。」と［Ⅱ］からの［Ⅲ］なんだ。

生徒D　そうだね。うれしそうにうなずいているんだね、きっと。

［Ⅲ］の語群

ア　注意　**イ**　心配　**ウ**　応援　**エ**　動揺

3

次の文章を読んで、あとの1～10の問いに答えなさい。

お詫び
著作権上の都合により、文章は掲載しておりません。
ご不便をおかけし、誠に申し訳ございません。
教英出版

（小倉　広『アルフレッド・アドラー　人生に革命が起きる100の言葉』による）

1　――線部①「座右の銘」の類義語でないものを次から一つ選び、記号で答えよ。

ア　モットー　　イ　プロセス　　ウ　スローガン　　エ　テーマ

2　――線部②「変えられない」の「られ」と文法的な意味が同じものを次から一つ選び、記号で答えよ。

ア　友人に声をかけられる。　　イ　祖母のことが案じられる。
ウ　お客様が来られる。　　エ　一人でも起きられる。

3　――線部③「私はこの言葉のお陰で人生が変わりました」を文節に区切り、その文節数を漢数字で答えよ。

4　A に入る二字の語句を第一段落から抜き出せ。

5　――線部④「際」の部首名をひらがなで答えよ。

6　B を補うのに最も適当な語句を次から選び、記号で答えよ。

ア　説得力　　イ　想像力　　ウ　破壊力　　エ　影響力

7　――線部⑤「健全な」の品詞名を漢字で答えよ。

8　――線部⑥「過去」の漢字の構成として同じものを次から一つ選び、記号で答えよ。

ア　日没　　イ　登山　　ウ　温暖　　エ　深林

9　――線部⑦「被」の太線部は何画目に書くか。漢数字で答えよ。

被

10　――線部⑧「言わずもがな」の正しい意味を次から一つ選び、記号で答えよ。

ア　言い切れない　　イ　言い足りない
ウ　言うほどはない　　エ　言うまでもない

4 次の文章を読んで、あとの1～7の問いに答えなさい。

やんごとなきひと〔身分の高い人が、〕、①にはかにいたづきにかかれけり〔病気にかかった。〕。たやすからぬさまなりければ〔ただ事ではない様子なので、〕、「いまこのくすしひとりにまかせんもいかがなり〔「今はもはや、この医者一人に任せるのも〕。かれもくすしの道には〔彼（あの医者）も秀でていて〕よのつねならねば〔人並みではないので、〕、②これと心を合はせて薬（くすり）を調ぜよ」といへば、はじめのくすしかうべふりて〔最初の医者は頭をふって、〕、さらば、③そのよのつねならぬものにまかせ給へ〔その人並みではない医者にお任せください。〕。かかるとみのいたづきを〔このような一刻を争う〕療治（りやうち）せんに、ひとをかたらひては、いかでいくべきといひければ〔どうして治せるでしょうか、いや、できない〕、げにもとて〔もっともだ〕、初（はつ）のにまかせてければ、そのいたづきも□怠（おこた）りぬ〔あっという間に快復した。〕。

（『花月草紙』による）

1 ――線部①「にはかに」について、次の問いに答えよ。

(1) 「にはかに」を現代仮名遣いに直し、すべてひらがなで書け。

(2) 「にはかに」の意味として、最も適当なものを次から選び、記号で答えよ。

ア 気づきもせずに　イ 急に
ウ 次第に　エ 緩やかに

2 ――線部②「これと心を合はせて薬を調ぜよ」とあるが、この部分の内容として最も適当なものを次から選び、記号で答えよ。

ア 担当の医者が、優秀なもう一人の医者に薬の調合のすべてを任せること。

イ まともな医者がいないので、二人で協力して薬の調合に取り組ませること。

ウ 担当の医者ともう一人の医者に、お互い相談して薬の調合をさせること。

エ 担当の医者ともう一人の医者に差はないので、どちらか一人に担当させること。

3 ――線部③「そのよのつねならぬものにまかせ給へ」とあるが、どうして最初の医者は二人目の医者に患者の治療を任せろと言ったのか。次の文の【　】に漢字二字を入れ、完成させよ。

> 他の人と【　】をしていたら、治療が遅れて助かる命も助からなくなるから。

4 □ に入る適当な語として、最も適当なものを次から選び、記号で答えよ。

ア　あきらかに　　イ　あざやかに

ウ　やすらかに　　エ　すみやかに

5 本文中には会話文であることを示す「　」が抜けている箇所がある。その「　」が抜けている会話文の最初と最後の三字を抜き出して書け。

6 この本文に込められた作者の思いの説明として、最も適当なものを次から選び、記号で答えよ。

ア　医療は技術が不可欠なので、優れた医者から技術を盗むことが大事である。

イ　医療はその技術も必要だが、患者の症状に応じた素早い対応が大事である。

ウ　医療は成功率の高さが求められるので、失敗しないことがより大事である。

エ　医療は他の人と話し合うよりも、多くの患者を治療することが大事である。

7 『花月草紙』は随筆であるが、同じジャンルの作品を次から一つ選び、記号で答えよ。

ア　源氏物語　　イ　おくのほそ道

ウ　今昔物語集　　エ　徒然草

令和６年度

学校法人 津曲学園 鹿児島高等学校入学試験問題

第２時限

数　　学

（50分）

（注　　意）

1　「始め」の合図があるまで，開いてはいけません。

2　問題用紙は表紙を入れて７ページあります。これとは別に解答用紙が１枚あります。

3　「始め」の合図があったら，解答用紙の志望学科・コースの所定の欄に○印をし，受験番号を記入しなさい。

4　答えは，**すべて解答用紙の枠内に記入しなさい。**

5　「やめ」の合図があったら，すぐに筆記用具を置きなさい。

1 次の各問いに答えなさい。

(1) $5 \times 6 - 28 \div 4$ を計算せよ。

(2) $\frac{1}{7} - \frac{1}{2} \times (-0.2)$ を計算せよ。

(3) $4(-2a + b) - 5(a - 2b)$ を計算せよ。

(4) $\frac{8}{\sqrt{2}} - 2\sqrt{18} + \sqrt{50}$ を計算せよ。

(5) $x^2 + 5x - 14$ を因数分解せよ。

(6) 2次方程式 $x^2 - 3x - 2 = 0$ を解け。

(7) 右の図において，直線 ℓ，m は平行であり，点A，Cはそれぞれ直線 ℓ，m 上にある。三角形ABCが正三角形であるとき，$\angle x$ の大きさを求めよ。

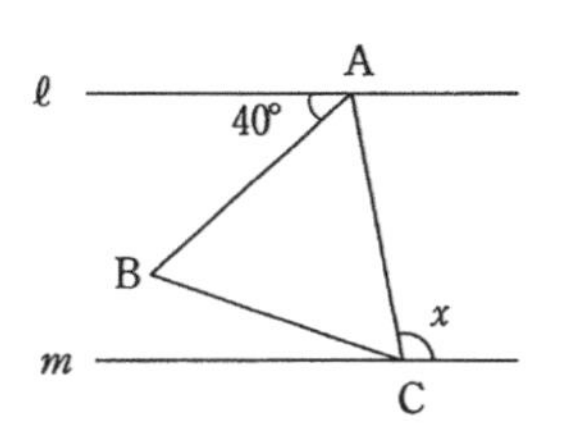

(8) 右の図のように，半径10㎝の円Oの周上に，3点A，B，Cを $\angle ABC = 36°$ となるようにとるとき，太い線で示した $\overset{\frown}{AC}$ の長さを求めよ。ただし，円周率を π とする。

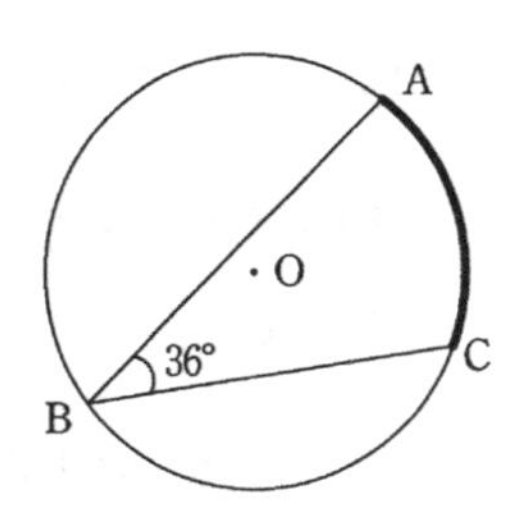

(9) 2つの整数65と39の最小公倍数を m，最大公約数を n とするとき，$m \times n$ の値を求めよ。

(10) y が x に反比例し，$x = 2$ のとき，$y = 8$ である関数のグラフ上の点のうち，x 座標と y 座標がともに整数である点は，点(2, 8)を含めて全部で何個あるか求めよ。

2 次の各問いに答えなさい。

(1) 右の図のように，袋の中に１～５の数字が１つずつ書かれた同じ大きさの５個の玉が入っている。１，２の数字が書かれた玉を「当たり」，３，４，５の数字が書かれた玉を「はずれ」とする。この袋の中からＡが先に１個取り出す。Ａが取り出した玉はもとに戻さず，次にＢが１個取り出す。このとき，Ｂが「当たり」の玉を取り出す確率を求めよ。

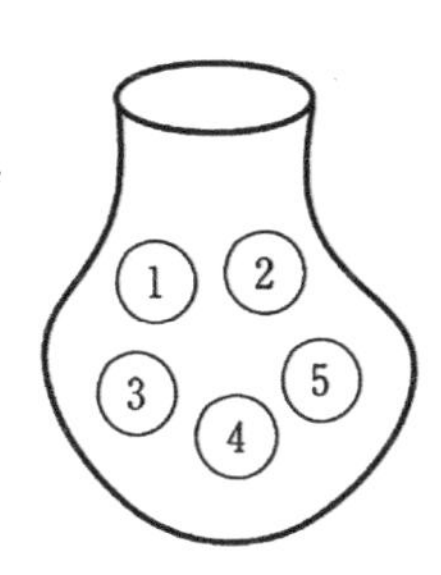

(2) 次のように，正の奇数を小さい順に規則的に並べる。このとき，次の各問いに答えよ。

１段目	1
２段目	3　5
３段目	7　9　11
４段目	13　15　17　19
⋮	⋮

① ６段目に並ぶ両端の数の和を求めよ。

② n 段目に並ぶすべての数の和が，2024 より大きくなるような最小の自然数 n の値を求めよ。

(3) ある肉屋で牛肉 700 g と鶏肉(とり) 600 g を定価で買うと 3700 円である。その肉屋に買い物に行ったところタイムサービスで牛肉が定価の２割引きになっていたので，牛肉 1000 g，鶏肉 200 g と１個 80 円のコロッケ２個を買うと 3660 円であった。このとき，次の各問いに答えよ。ただし，消費税は考えないものとする。

① 牛肉と鶏肉の 100 g あたりの定価をそれぞれ x 円，y 円として，x, y についての連立方程式をつくれ。

$$\begin{cases} \boxed{} = 3700 \\ \boxed{} = 3660 \end{cases}$$

② ①の連立方程式を解いて，100 g あたりの鶏肉の定価を求めよ。

(4) 次の図のような平行四辺形 ABCD がある。対角線 BD 上に BE ＝ DF となるように２点 E，F をとる。このとき，AE ＝ CF であることを次のように証明したい。（　Ⅰ　），（　Ⅱ　），（　Ⅲ　）にあてはまる最も適当なものを，下の**【選択肢】ア～ケ**の中からそれぞれ選び，記号で答えよ。

（証明）　△AED と△CFB において，
四角形 ABCD は平行四辺形だから，　AD ＝ CB　…①
BE ＝ DF だから，　ED ＝ FB　…②
AD∥BC で（　Ⅰ　）は等しいから，（　Ⅱ　）　…③
①，②，③から，（　Ⅲ　）がそれぞれ等しいので，
△AED ≡△CFB
合同な三角形では，対応する辺の長さが等しいので，
AE ＝ CF

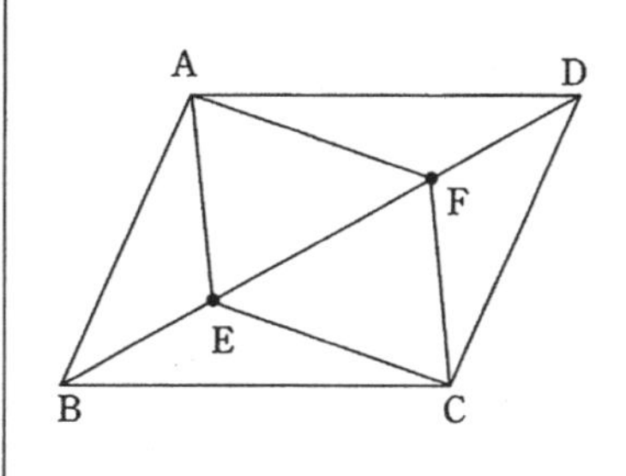

【選択肢】

ア	対頂角	**イ**	同位角	**ウ**	錯角
エ	∠DAE ＝∠BCF	**オ**	∠AED ＝∠CFB	**カ**	∠ADE ＝∠CBF
キ	１組の辺とその両端の角	**ク**	２組の辺とその間の角	**ケ**	３組の辺

3 ある学校の１年生の１組，２組，３組で 50 点満点の計算テストを実施したところ，各クラスとも 30 人ずつが受験した。図１はそれぞれのクラスの点数のデータを箱ひげ図に表したものであり，１組と２組の箱ひげ図は同じ形になった。このとき，次の各問いに答えなさい。

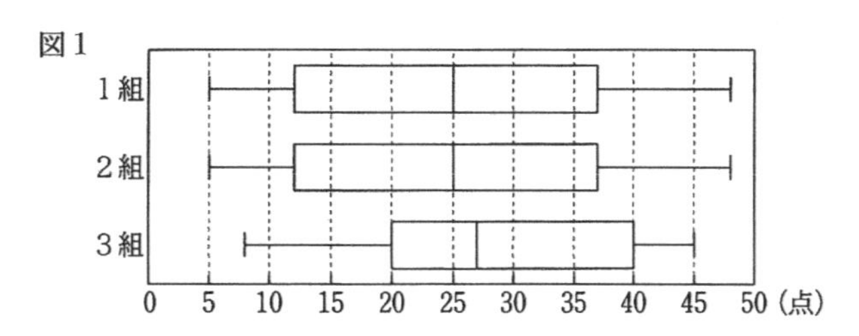

(1) １組の点数の中央値を求めよ。

(2) 図１の箱ひげ図から読み取れることとして，次の**ア**～**オ**のうちから正しいものをすべて選び，記号で答えよ。

ア １組と２組の平均値は等しい。

イ １組と２組の最頻値は等しい。

ウ １組と２組には 10 点以上 15 点未満の生徒が必ずいる。

エ １組と２組には点数が 25 点の生徒が必ずいる。

オ 40 点以上の生徒の人数は２組より３組の方が多い。

(3) ２組と３組の箱ひげ図から，どちらが広く分布しているか。組名と，その理由を「範囲」,「四分位範囲」の両方のことばを用いて説明せよ。

(4) １組の点数のデータをヒストグラムにまとめたとき，次の①～④のいずれかになった。最も適当なものを１つ選び，番号で答えよ。ただし，各階級は左端の値を含み，右端の値は含まないものとする。

①
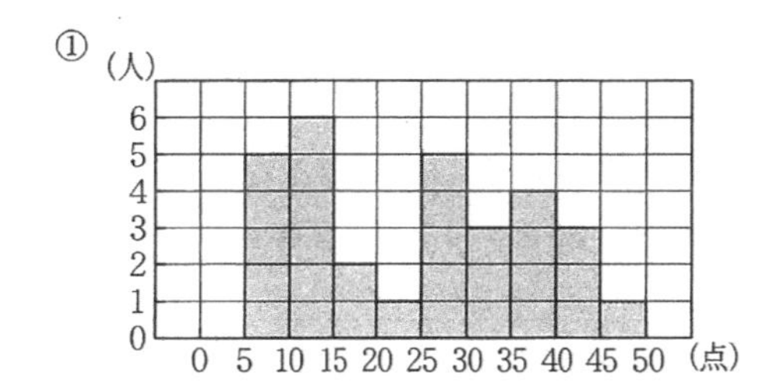

②
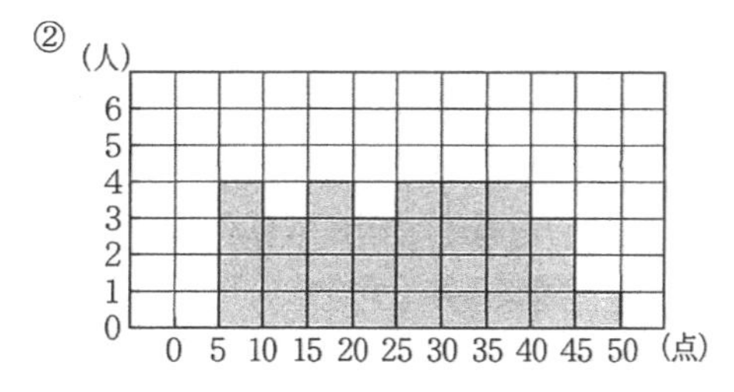

③
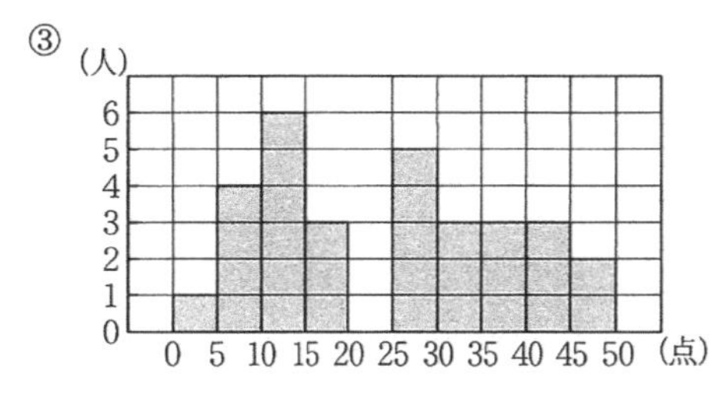

④
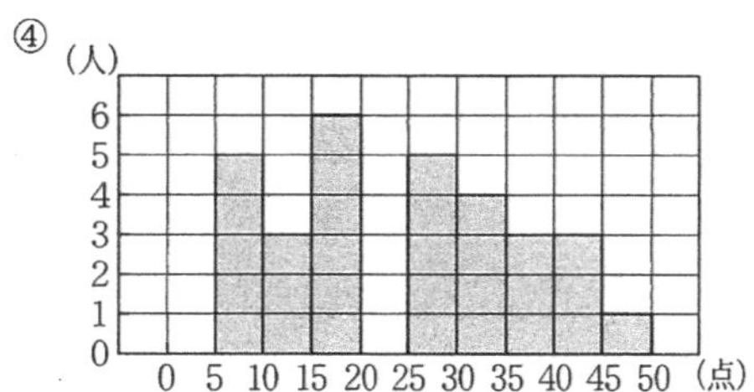

4 右の図のように，関数 $y = ax^2$ …① のグラフと直線 $y = 2x + 6$ の交点をA，Cとする。
また，3点A，B，Cの x 座標をそれぞれ，-2，4，6とする。このとき，次の各問いに答えなさい。

(1) 点Aの y 座標，および a の値を求めよ。

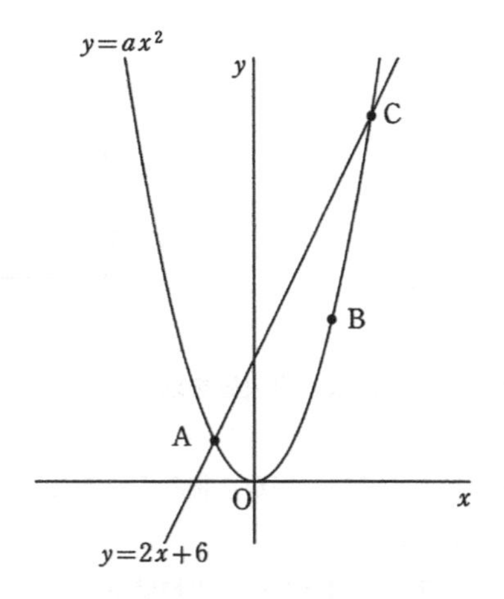

(2) △ABCの面積を求めよ。

(3) 関数①のグラフ上において，点Aと点Cの間に△ABCの面積と△ACPの面積の比が2：1となるように点Pをとる。このような点Pは2つあり，その2点を通る直線を ℓ とする。このとき，次の各問いに答えよ。

(i) 直線 ℓ の式を求めよ。

(ii) 四角形OBCAにおいて，直線 ℓ と直線OA，BCとの交点をそれぞれ Q_1，Q_2 とする。四角形 AQ_1Q_2C と四角形 Q_1OBQ_2 の面積をそれぞれ S_1，S_2 とするとき，面積比 $S_1 : S_2$ を最も簡単な整数の比で表せ。

5 右の図1は，半径9cmの円を底面とし，高さが12cmの円すいXである。また，図2は，AB = AD = 18cm，AE = 8cmの直方体ABCD − EFGHの容器Yである。このとき，次の各問いに答えなさい。ただし，円周率をπとする。

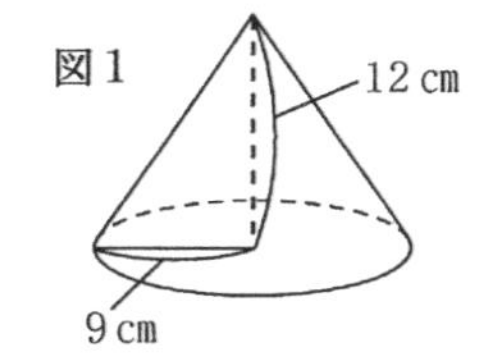

(1) 円すいXの母線の長さを求めよ。

(2) 円すいXの展開図をかいたとき，側面になるおうぎ形の中心角の大きさを求めよ。

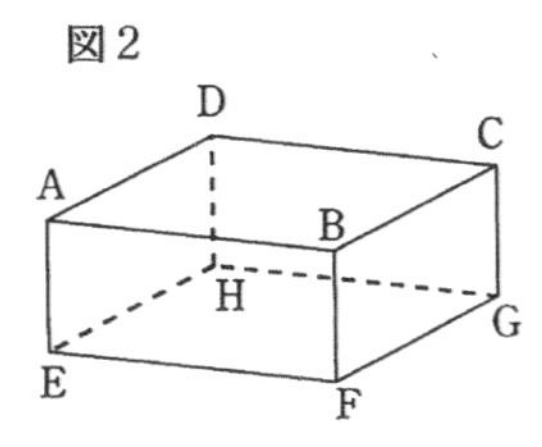

(3) 円すいXと同じ形をしたおもりZを用意し，図3のように，容器Yの底におもりZを置く。ただし，容器Yの厚さは考えないものとし，おもりZの底面の円は，容器Yの底面の四角形EFGHに接している。このとき，容器Yに水面が平面ABCDにくるまで水を入れる。おもりZの側面のうち，水にふれている部分の面積を求めよ。

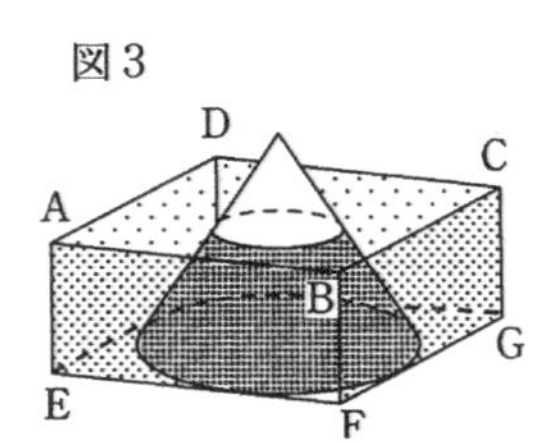

(4) おもりZを図3の状態からおもりZと容器Yのそれぞれの底面を水平に保ったまま，右の図4のように静かに4cm引き上げた。このとき，容器Y内で水が入っていない部分の体積を求めよ。ただし，容器Y内にあるおもりZの体積は含まないものとする。

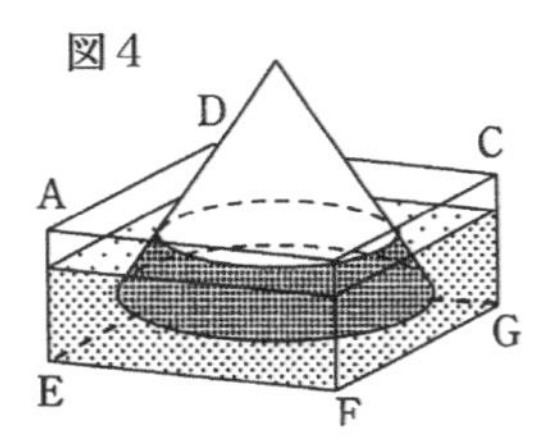

令和６年度

学校法人
津曲学園 **鹿児島高等学校入学試験問題**

第３時限

英　　語

（50分）

（注　　意）

1　「始め」の合図があるまで，開いてはいけません。

2　問題用紙は表紙を入れて７ページあります。これとは別に解答用紙が１枚あります。

3　「始め」の合図があったら，解答用紙の志望学科・コースの所定の欄に○印をし，受験番号を記入しなさい。

4　答えは，**すべて解答用紙の枠内に記入しなさい。**

5　「やめ」の合図があったら，すぐに筆記用具を置きなさい。

1 次の各文の（　　）に入る最も適当なものを，それぞれア～エから１つ選び，その記号を書きなさい。

1　Takamori Saigo (　　) born in Kagoshima, Japan in 1828.

ア do　　イ is　　ウ was　　エ does

2　Furoshiki is (　　) to wrap and carry things.

ア used　　イ using　　ウ to use　　エ use

3　I was surprised (　　) my teacher in the bookshop yesterday.

ア see　　イ to see　　ウ seen　　エ saw

4　Taro is a student (　　) plays the piano very well.

ア what　　イ whose　　ウ which　　エ who

5　He took off his uniform and put (　　) his sweater.

ア on　　イ off　　ウ at　　エ in

2 次の各組の対話で，（　　）内の語（句）を意味が通るように並べかえたとき，**２番目**と**４番目**にくる語（句）の記号をそれぞれ書きなさい。ただし，文頭にくる語も小文字にしてある。

1　A：(ア you　イ to　ウ like　エ something　オ would) drink?

B：A cup of tea, please.

2　A：Why shouldn't we use plastic bags?

B：Because they (ア animals　イ the wild　ウ harm　エ can　オ in).

3　A：(ア Japanese history　イ been　ウ studying　エ has　オ Mr. Smith) for 20 years.

B：Wow!　That's great!　I didn't know that.

4　A：What is (ア the　イ on　ウ animal　エ largest　オ the land) ?

B：It's an elephant.

5　A：I (ア the letter　イ wonder　ウ I　エ sent　オ why) last week came back.

B：Look!　You forgot to put a stamp on it.

2024(R6) 鹿児島高
K 教英出版

3 次の広告を読み，各問いに対する最も適当な答えを，それぞれア～エから１つ選び，その記号を書きなさい。

Hanako is an exchange student at an Australian school. Her friend John showed her a poster about two activities by the Student Activities Center (SAC) this weekend.

The Student Activities Center's Weekend Lineup

Plan A

DIVING EXPERIENCE

Date : Saturday June 1st
Time : 9 : 00 am - 11 : 00 am
Location : Bondi Beach

- ▶ Join us for a free exciting water adventure.
- ▶ You don't need experience.
- ▶ Learn basics from an expert, enjoy swimming underwater.
- ▶ Bring swimwear, a towel and a cold drink.
- ▶ You can borrow diving items for free.
- ▶ A photographer can take a picture of you for 4 dollars each.

Plan B

DIDGERIDOO EXPERIENCE

Date : Sunday June 2nd
Time : 1 : 00 pm - 2 : 30 pm
Location : Kipling Hall

- ▶ The Didgeridoo is a wind instrument made from wood.
- ▶ Beginners are welcome.
- ▶ It's a wonderful experience you will never have again.
- ▶ Discover the nice sounds of the Didgeridoo and try it for free!
- ▶ Friendly Australian students will teach you and guide you.
- ▶ Recordings are 5 dollars each.

- □ If you buy two pictures from the photographer, then one is 50% off.
- □ Contact SAC by phone on 11-0022-0032 to *sign up by 3 : 00 pm on Friday May 3rd.
- □ Students who want to attend the activities should arrive at the meeting point ten minutes before the activity starts.

（注）sign up : 申し込む

1　How many hours is Plan A going to take?
　ア　An hour　　イ　Two hours　　ウ　Two and a half hours　　エ　Three hours

2　Hanako decided to attend the plan A. By when should Hanako go to Bondi Beach on June 1st?
　ア　8 : 50 am　　イ　9 : 10 am　　ウ　10 : 10 am　　エ　11 : 50 am

3　How much will you need to pay if you buy two pictures of yourself?
　ア　$ 2　　イ　$ 4　　ウ　$ 6　　エ　$ 8

4　John is interested in doing the Didgeridoo activity. What should he do?
　ア　Pay 4 dollars to record his playing.
　イ　Visit SAC by 1 : 00 pm on Friday.
　ウ　Explain the nice sounds of the instrument.
　エ　Call SAC to join the activity.

5　What is true about both activities?
　ア　Students who join these activities must bring their drinks.
　イ　People without experience can join them.
　ウ　Both activities are held on Friday May 3rd.
　エ　Both activities cannot be experienced again.

4 次の対話を読み，各問いに答えなさい。

Karen and Jane are classmates at an American high school. After school on Tuesday, Jane catches Karen to ask her about seeing a movie that weekend.

Jane : Hi Karen! Are you free on Saturday? I was thinking about going to see **You've Got It 3*. Why don't you come with me?
Karen : Of course! I would like to go. But it's my sister's twelfth birthday on Saturday, so...
Jane : Oh! Don't worry. [A]
Karen : Sunday is perfect!
Jane : I'm looking forward to it. Let me check when we can go. Ah, the schedule says that we can go at 9 : 00 am, 2 : 00 pm, 5 : 00 pm or 8 : 00 pm. Well, we have school on Monday, so I don't think the last two are good ideas. What do you think?
Karen : You're right, but the first time is too early. I don't think I can arrive before the movie starts.
Jane : Alright, we can go at the second time. Why don't we meet an hour early? I want to try a new drink at Moondollar Coffee Shop. It's special for winter.
Karen : That sounds great! [B]

On Sunday, Karen and Jane go to the mall to see the movie. They are now drinking the new drink and talking at Moondollar Coffee Shop.

Jane : Mmm, this is delicious.
Karen : Yes. I'm glad we came here before the movie started.
Jane : I've been excited to see the *sequel of *You've Got It* movies. I'm a huge fan of them. The only bad thing is waiting for the new ones.
Karen : That's true, but we have only 15 minutes to wait!
Jane : I checked about the movie, and it looked exciting. People are saying that something surprising happens this time.
Karen : Really? [C]
Jane : I'm sure that it's about Tom and Alice because he always liked her. They'll be a perfect couple.
Karen : I think so, too.
Jane : I also want to know if Alice will pass the test for the piano contest. She is so kind, gentle and patient... I respect her. I wish (①).
Karen : She is great. I love her, too.
Jane : Did you notice that we are now in the same grade as the characters?
Karen : Yes. I can't believe we are already 17. We'll start college next year. Time goes by (②).
Jane : I'll be sad if this is the last movie. I hope the movie company keeps making *You've Got It* movies forever.
Karen : It's so popular that it will continue to make them.
Jane : I hope so, but I'm worried. Some people don't like to see the sequels. Young actors grow up, and sometimes they are too old to play the characters.
Karen : I know, but watching their changes is wonderful. They have the same problems we have at school, at home and with friends. We have grown up with them.
Jane : Yes. Look at how much we've also grown in six years. We were elementary students, but now we go to high school. I drove my dad's car here, and now you have your driver's *license, too.
Karen : You're right, but hey! [D] We should go inside now. Let's hurry!

（注） *You've Got It 3* : 映画の題名　　sequel : 続編　　license : 免許

2024(R6) 鹿児島高
K 教英出版

問1　本文中の A ～ D に入る最も適当なものを次のア～エから1つずつ選び，その記号を書け。

ア　I'm excited to hear about that.　　イ　Look at the time!

ウ　I'll see you there.　　エ　How about Sunday?

問2　Jane と Karen が決めた待ち合わせ時間として，最も適当なものを次のア～エから1つ選び，その記号を書け。

ア　8 : 00 am　　イ　1 : 00 pm　　ウ　4 : 00 pm　　エ　7 : 00 pm

問3　会話の流れに合うように，本文中の（　①　）に**5語以内**の適当な英語を補い，英文を完成せよ。

問4　本文中の（　②　）に入る英語を，最も文脈に合うように次のア～エから1つ選び，その記号を書け。

ア　clearly　　イ　quietly　　ウ　slowly　　エ　quickly

問5　映画の続編を望まない人がいる理由として，最も適当なものを次のア～エから1つ選び，その記号を書け。

ア　好きな映画の続編が出るまで，待つことができないから。

イ　続編を期待しているのに，制作されなかったら悲しいから。

ウ　若い俳優は年齢を重ねると，役に適さなくなることがあるから。

エ　続編が増えると，俳優と一緒に成長している感覚が失われてしまうから。

問6　本文の内容に合うものを次のア～オから**2つ**選び，その記号を書け。

ア　Karen couldn't go to see the movie on Saturday because it was her sister's birthday.

イ　Jane and Karen went to Moondollar Coffee Shop to try a new drink after the movie.

ウ　Jane and Karen are disappointed because there won't be more *You've Got It* movies in the future.

エ　Jane and Karen were elementary school students when the first *You've Got It* came out.

オ　Karen has a driving license and used her father's car to go to the theater.

問7　次の英文は，Jane の日記である。本文の内容に合うように，㋐～㋒の（　　）内に入る最も適当な英語1語をそれぞれ書け。ただし，与えられた文字に続けて書くこと。

I went to see *You've Got It 3* with Karen today. As we expected, Tom and Alice became a wonderful ㋐(c　　). It was ㋑(s　　) for everyone. I was happy to know that Alice passed the test for the contest. What will happen to them next? They will ㋒(g　　) from high school soon...

5 次の英文を読み，各問いに答えなさい。

A lively bird named Trill lived in a beautiful forest with a clear river. Like most birds, Trill liked to go to the river to sing. However, Trill was also a little different from other birds because she was always helping others. In her family, her brothers often told her, "A bird should only think of food, flying, and family."

One day, when Trill was practicing a new song, ①she saw an ant returning to its family with some food. It was climbing down a small tree near the river, when a strong wind blew ②it off the tree. Down, down, down, it fell into the dangerous water. It tried its best to swim out, but because it was an ant, its efforts were not enough. It was in big trouble. "If I do not help it, the poor ant will die." Trill thought. Her family thought that she should be more selfish, but she still wanted to help. — Yes, that was Trill!

③She flew to the nearby tree and took a leaf from it. Next, she flew down to the ant, and she put the leaf next to the ant, like a boat. The ant climbed on it, and slowly, the river took it to safety. Then, the ant got off, and was safe at last.

When Trill flew down to say goodbye to the ant, it said to Trill, "Thank you, you are a wonderful bird. I will never forget this. How can I ever thank you?" Trill said, "Your safety is all I wanted. Just live a happy, healthy life." "I will", said the ant. Trill was very happy.

Later, her brothers asked her why she was smiling, so she told them her story. "There is no reason to be kind to an ant, Trill." They laughed. "What will we do with you? Don't you see that you are weak because you are too kind?" Usually, it was difficult to tell her brothers what she really thought, but the ant's thanks gave her courage. "You think the world is your enemy, but you are wrong." Trill said, "I'll be fine, thank you." Her third and youngest brother replied, "Trill, we are worried about you because it's dangerous. You should really think less about others and just think about yourself." Trill shook her head. Kindness was never wrong. She hoped that her brothers saw ④that too.

Fortunately, later that year, something happened that made all the difference. On that day, a monster called a "hunter" entered the beautiful forest and noticed Trill and her brothers. They were eating seeds on the forest floor, so they did not realize that the monster was coming. ⑤He was holding a rock in his hand and he was smiling. He was going to throw it at them!

However, the ant saw the situation, and because the ant remembered Trill's kindness, it decided to help. It hurried to the monster, and quickly climbed up his left leg. When the monster threw the rock at the birds, the ant bit him hard.

"AAAAHHH!!" he cried.

The ant's bite made him miss, so the birds quickly flew over the trees to safety. Trill's third brother had good eyes and saw the ant on the monster's leg. The ant nodded at the brother, and the brother realized that it was the ant that Trill saved earlier. When they were safe, she told their two older brothers about what happened. Her brothers realized that the ant saved Trill and her brothers. They all said, "Trill, we are very (⑥) for the things we said before. Maybe being kind is not a waste."

After that, the forest became a kinder and happier place.

問1　本文中の下線部①，②，⑤が表すものを次の**ア**～**オ**から１つずつ選び，その記号を書け。

ア　an ant　　**イ**　most birds　　**ウ**　Trill　　**エ**　Trill's brother　　**オ**　a monster

問2　次の英文は Trill が下線部③のように行動した理由である。次の（　a　），（　b　）に入る組み合わせとして最も適当なものを次の**ア**～**エ**から１つ選び，その記号を書け。

The bird thought if she flew down and gave the ant a (　a　), it would be (　b　).

ア　a : tree　　b : angry
イ　a : tree　　b : wrong
ウ　a : leaf　　b : hard
エ　a : leaf　　b : safe

問3　下線部④が表す内容となるように，次の（　　　）内に入る日本語を**15字以内**で書き，文を完成せよ。

（　　　　　　　　　　　　　　）という考え。

問4　本文中の（　⑥　）に入る英語を次の**ア**～**エ**から１つ選び，その記号を書け。

ア　interesting　　**イ**　surprised　　**ウ**　sorry　　**エ**　glad

問5　次の絵は物語の本文を表している。本文の流れに合わせて最も適当な順序となるように，次の**ア**～**オ**を並べかえよ。

問6　次の英語の問いに対する答えとなるように，次の（　c　），（　d　）に入る適当な英語１語をそれぞれ書け。

Q : Why did the ant decide to help Trill?
A : Because the ant (　c　) her (　d　).

問7　本文の内容に合うものを次の**ア**～**オ**から**２つ**選び，その記号を書け。

ア　Trill is a lively bird who can throw the rock and never miss a shot.
イ　Trill fell into the dangerous water when the ant was blown off by a strong wind.
ウ　Trill's brothers often give advice to her because they have been worried about her weakness.
エ　Trill and her family were looking down to eat seeds and noticed the danger.
オ　Thanks to the Trill's kindness and her behavior, her family understands the importance of kindness.

令和6年度

学校法人
津曲学園 **鹿児島高等学校入学試験問題**

第4時限

社　会

(50分)

(注　意)

1 「始め」の合図があるまで，開いてはいけません。

2 問題用紙は表紙を入れて13ページあります。これとは別に解答用紙が1枚あります。

3 「始め」の合図があったら，解答用紙の志望学科・コースの所定の欄に○印をし，受験番号を記入しなさい。

4 答えは，**すべて解答用紙の枠内に記入しなさい。**

5 「やめ」の合図があったら，すぐに筆記用具を置きなさい。

1 次のⅠ～Ⅲの問いに答えなさい。答えを選ぶ問いについては一つ選び，その記号を書きなさい。

Ⅰ　次の略地図を見て，1～7の問いに答えよ。

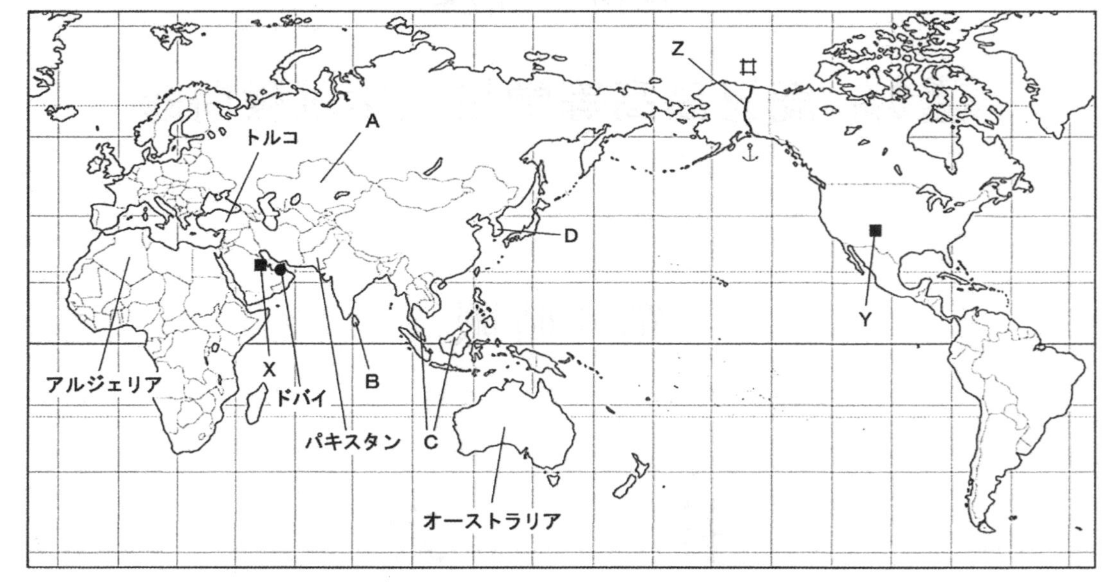

1　略地図の特徴について述べた次の**ア**～**エ**の文のうち，最も適当なものはどれか。

ア　赤道からはなれるほど，実際の面積より大きく示される。

イ　図の中心からはなれるほど，陸地の形がゆがんで表されるが，図の中心からの距離と方位は正しい。

ウ　赤道からはなれるほど，陸地の形がゆがんで表されるが，面積は正しい。

エ　経線は赤道からはなれるほど間隔が広がり，緯線は等間隔で，すべての緯線と経線が直角に交わっている。

2　略地図中の**トルコ**，**パキスタン**，**アルジェリア**の国旗に共通するデザインは何か。

ア　ユニオンジャック　　**イ**　三日月と星　　**ウ**　十字架　　**エ**　太陽

3　略地図中のX，Yの地域には，**資料1**（X地域），**資料2**（Y地域）のようなかんがい装置を整えた円形の畑が見られる。このかんがい方式の名称を答えよ。

資料1

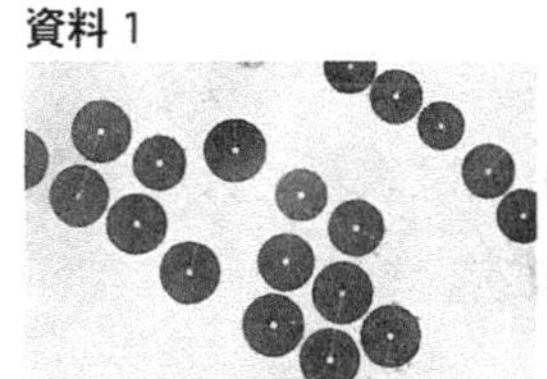

（「Googleマップ」より）

資料2

4　略地図中のZは石油を輸送する施設の経路を示しており，**資料3**のように高床式になっている。その理由について述べた次の文の［①］，［②］に適することばの組み合わせとして最も適当なものはどれか。

資料3

（「Alaska Public Media」ホームページより）

> 石油を輸送する施設である［①］の熱がこの地域特有の土壌である［②］に伝わって溶けないようにして環境を保全するため。

	ア	イ	ウ	エ	オ	カ
①	イグルー	イグルー	コンビナート	コンビナート	パイプライン	パイプライン
②	永久凍土	タイガ	永久凍土	タイガ	永久凍土	タイガ

5　**資料4**は，略地図中の**オーストラリア**のなかでも移民が多いビクトリア州の初等・中等教育における語学プログラムの登録者数の推移を示したものであり，**資料5**は，**オーストラリア**の2002年と2020年の貿易相手国を示したものである。**資料4**，**資料5**中の［a］，［b］にあてはまる国名を答えよ。なお，同じ記号には同じ国名が入るものとする。

資料4

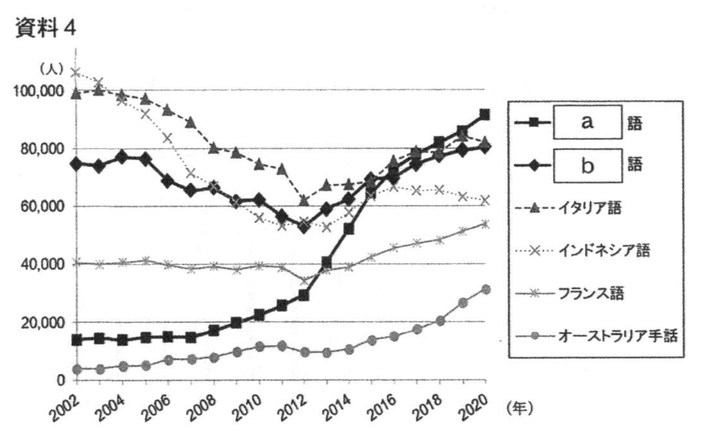

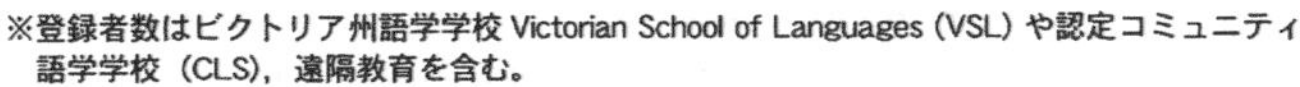

※登録者数はビクトリア州語学学校 Victorian School of Languages (VSL) や認定コミュニティ語学学校（CLS），遠隔教育を含む。
(「ビクトリア州政府 Victorian Government」ホームページ，Languages Provision in Victorian Government Schools，2002，2008，2014，2020. より作成)

資料5

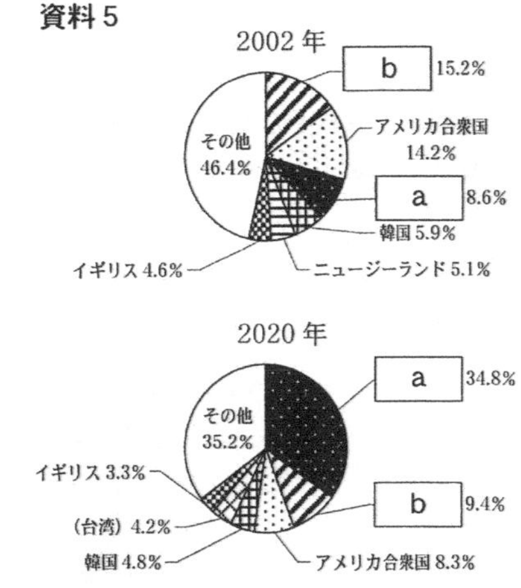

※割合は輸出入総額から算出。中国は台湾，香港，マカオを含まない。
(「国際通貨基金 IMF」ホームページ，IMF Data，Direction of Trade Statistics (DOTS) より作成)

6　略地図中のA～D国の産業について述べた次の**ア**～**エ**の文のうち，A国について述べた文として，最も適当なものはどれか。

ア　南東部の沿岸地域を中心に重化学工業が発展し，現在はさらにハイテク（先端技術）産業が発展している。

イ　植民地時代には，商品作物を大規模に栽培する大農園（プランテーション）が作られたが，現在では外国の企業を積極的に受け入れることで工業化を進めてきた。

ウ　1991年のソビエト社会主義共和国連邦の解体で成立した国で，石油や天然ガス，レアメタル，ウランなどの鉱産資源が豊かである。

エ　植民地時代にイギリス人によって茶の大農園（プランテーション）が作られ，現在も重要な輸出品目である。

7　**資料6**はアラブ首長国連邦の主要な首長国である略地図中の**ドバイ**の人口ピラミッドを示しており，**資料7**は**ドバイ**の人口と人口構成の推移を示している。また，**資料8**は世界の高層ビルの竣工（しゅんこう）数上位5か国と日本を300m以上の高層ビルの竣工数が多い順に示しており，**資料9**は**ドバイ**の15歳以上の就業者の経済活動別割合を国籍別に示している。**資料6**で25歳から44歳までの男性の人口が極端に多い理由として考えられる次の**ア**～**エ**の文のうち，最も適当なものはどれか。なお，**資料7**と**資料8**，**資料9**を参考にして答えよ。

資料6　ドバイの人口ピラミッド（2022年）

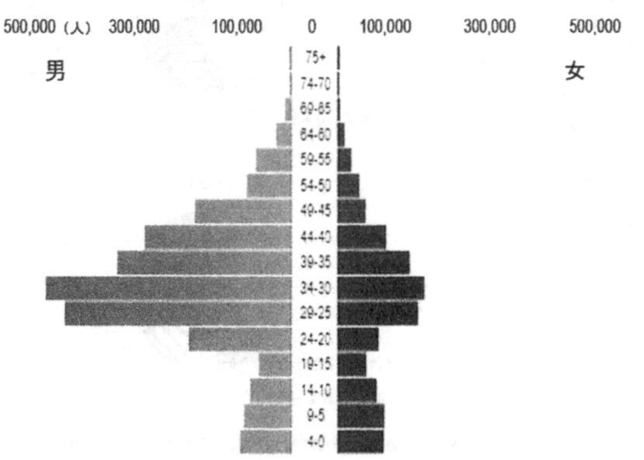

（「ドバイ政府 Government of Dubai, Dubai Statistics Center」ホームページ，Statistical Dashboards, Poplation By Gender and Age Groups 2022より）

資料7　ドバイの人口と人口構成の推移（2014－2022年）

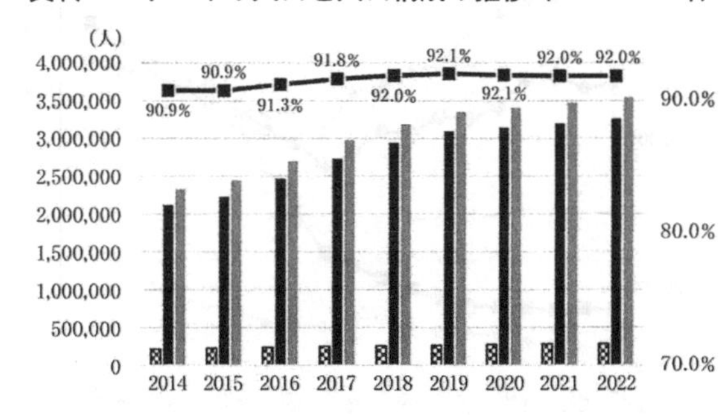

（「ドバイ政府 Government of Dubai, Dubai Statistics Center」ホームページ，Population and Vital Statistics, Number of Population Estimated by Nationality 2016, 2019, 2022より作成）

資料8　世界の高層ビルの竣工数（2022年まで）

順位	国名	300m以上	200m以上	150m以上	建物の高さ（150m以上）の合計が最も高い都市
1	中国	108	1,045	3,118	ホンコン（香港）
2	**アラブ首長国連邦**	**33**	**146**	**326**	**ドバイ**
3	アメリカ	30	236	880	ニューヨーク
4	ロシア	7	19	51	モスクワ
5	韓国	7	79	276	ソウル
11	日本	2	48	274	東京

※表は300m以上の高層ビルの竣工数が多い順である。
（国際NPO「Council on Tall Buildings and Urban Habitat(CTBUH)（高層ビル・都市居住協議会）」ホームページ，Databaseより作成）

資料9　ドバイの15歳以上の就業者の経済活動別割合（2019年）

経済活動	国籍		
	自国籍	外国籍	合計
農林水産業	0.3	0.0	0.0
鉱業および採石業	1.0	0.3	0.3
製造業	2.2	9.0	8.7
電気、ガス、蒸気、空調の供給	3.9	0.3	0.5
上水道、下水道、廃棄物管理、修復活動	0.0	0.1	0.1
建設業	0.7	27.2	26.5
卸売・小売業、自動車・オートバイ修理業	5.8	16.3	15.9
運輸・倉庫業	6.7	6.4	6.4
宿泊・飲食サービス業	0.6	5.4	5.2
情報通信業	1.8	2.9	2.8
金融・保険業	6.5	2.9	3.0
不動産業	2.4	3.9	3.8
専門・科学・技術活動	1.8	5.1	4.9
行政・支援サービス業	2.8	8.3	8.1
行政、防衛、社会保障	56.0	1.6	3.6
教育活動	2.3	2.0	2.0
保健・福祉活動	4.0	1.5	1.6
その他	1.2	6.8	6.6

（「Government of Dubai, Dubai Statistics Center」ホームページ，Labour, Percentage Distribution of Employed Persons 15 Years and Over by Nationality, Gender and Economic Activity 2019より作成）

ア　外国から難民として移住してきたため。

イ　建設業やサービス業などの出かせぎ労働者として外国から移住してきたため。

ウ　外国の子育て世代がより良い住宅を求めて移住してきたため。

エ　外国から農林水産業を営む人々が新天地を求めて移住してきたため。

Ⅱ　次の略地図を見て，１～６の問いに答えよ。

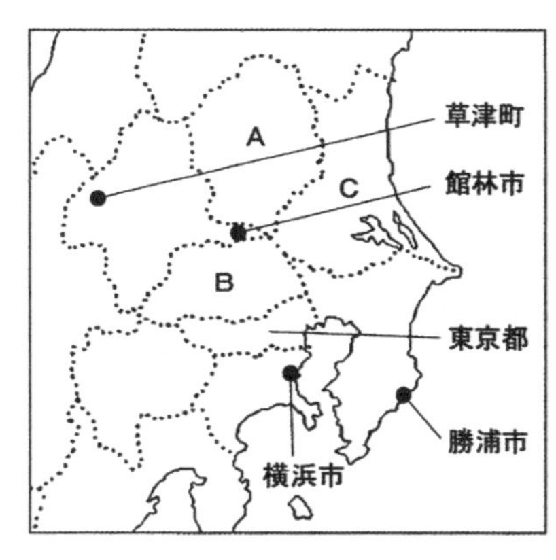

１　次のア～ウは略地図中の**館林市**，**草津町**，**勝浦市**の雨温図である。**館林市**はどれか。

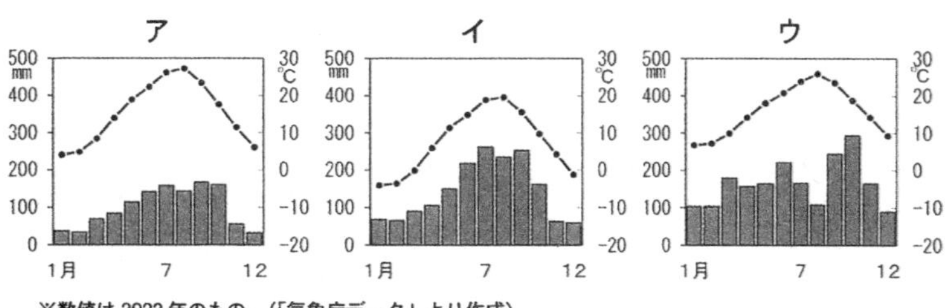

※数値は 2022 年のもの。（「気象庁データ」より作成）

２　**資料１**は略地図中の**東京都**，Ａ県，Ｂ県，Ｃ県の昼夜間人口比率と合計特殊出生率を示したものである。Ｂ県はどれか。

資料１

	昼夜間人口比率	合計特殊出生率
ア	99.0 %	1.31
イ	97.6 %	1.30
ウ	119.2 %	1.08
エ	87.6 %	1.22

※昼夜間人口比率は 2020 年 10 月 1 日現在。昼夜間人口比率は，夜間人口に対する昼間人口の割合。
※合計特殊出生率は 2021 年。合計特殊出生率は，女性一人が生涯に産む子どもの数の平均。
（『日本国勢図会 2022-2023』より作成）

３　**資料２**は全国の航空路線の旅客数上位８路線を示したものであり，**資料３**は全国の幹線鉄道（新幹線や幹線鉄道の特急列車等）の旅客数上位８路線を示したものである。**資料２**，**資料３**中の X ， Y ， Z にあてはまる都市名の組み合わせとして，最も適当なものはどれか。

資料２

順位	路線	旅客数(人)
1	東京(羽田) － X	7,626,303
2	東京(羽田) － Y	7,519,871
3	東京(羽田) － 沖縄	5,839,562
4	東京(羽田) － Z	4,452,084
5	東京(羽田) － 鹿児島	2,067,879
6	東京(成田) － X	1,822,759
7	Y － 沖縄	1,809,585
8	東京(羽田) － 熊本	1,603,149

※札幌の空港は新千歳空港である。
（国土交通省「航空輸送統計年報（2022 年度分）」より作成）

資料３

順位	路線	旅客数(千人)
1	東　京 － Z	12021.0
2	東　京 － 静　岡	10902.7
3	東　京 － 愛　知	9568.9
4	東　京 － X	7216.1
5	東　京 － 栃　木	6005.9
6	東　京 － 長　野	5828.6
7	東　京 － 京　都	5540.2
8	東　京 － 兵　庫	5518.4

※統計年次は 2015 年 10 月。
（国土交通省「幹線鉄道旅客流動実態調査（2020 年度分）都道府県間相互発着表（往復　平休年拡大値）」より作成）

	ア	イ	ウ	エ	オ	カ
X	札幌	札幌	大阪	大阪	福岡	福岡
Y	大阪	福岡	札幌	福岡	札幌	大阪
Z	福岡	大阪	福岡	札幌	大阪	札幌

4　2023年は，鹿児島市を中心に大きな洪水被害をもたらした1993年の「8・6水害」から30年の年であったが，近年注目されているのが「内水氾濫」である。**資料4**は略地図中の**横浜市**の「内水ハザードマップ」の一部である。**資料4**から分かることがらについて述べた次の**ア**～**エ**の文のうち，**適当でないもの**はどれか。

ア　アンダーパス（地下道）は水没する危険があるので大雨の際には注意が必要である。

イ　大量に雨が降った際に，堤防が決壊するなどして川の水があふれ出し，浸水被害が発生する可能性のある地域を示している。

ウ　このような災害は都市化が進んでいる地域でも起きる可能性がある。

エ　一般的な洪水に加えて，河川からはなれた場所でも浸水することを示したものである。

資料4

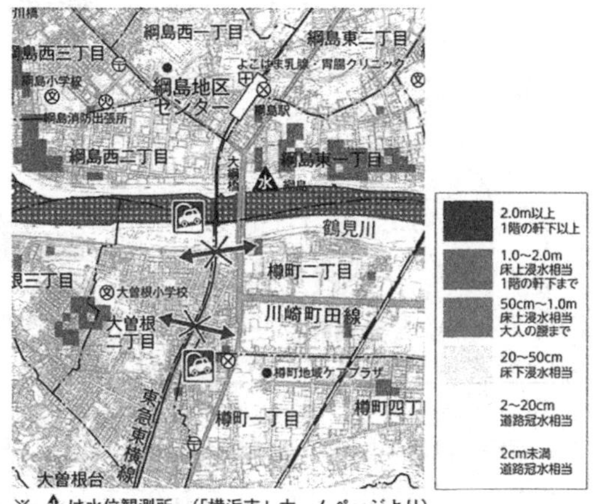

※ ▲は水位観測所。（「横浜市」ホームページより）

5　2021年に略地図中の**東京都**で行われたオリンピック・パラリンピック「TOKYO2020」では，ビッグデータの分析によって，人々の移動量やルートの予測をすることで，安全で効率的な大会運営が目指された。ビッグデータについて述べた次の文の［①］，［②］に適することばの組み合わせとして最も適当なものはどれか。

> ビッグデータとは，［①］（情報通信技術）によって収集・蓄積された大量のデータのことで，GPSなどによる［②］などから人々の行動分析が可能になっている。

ア（①　ICT　　②　位置情報）　　**イ**（①　GIS　　②　位置情報）
ウ（①　ICT　　②　登録情報）　　**エ**（①　GIS　　②　登録情報）

6　略地図中の**東京都**の臨海部は，かつて工場や倉庫などとして利用されていたが，近年，卸売市場が移転したり，高層マンションの建設が次々に進められたりしている。このように新たに整備してまちづくりを行うことを何というか。**漢字3字**で答えよ。

2024(R6) 鹿児島高
教英出版

Ⅲ　次の**写真**は宮崎県宮崎市熊野地区にある1662年におきた「外所地震（寛文日向灘地震）」による津波の被害者の供養碑であり，これは**図**の地図記号 の位置にある。また，**資料**は地震から約300年後に建立された供養碑の碑文である。解答欄の □ に適する**図**の地図記号の名称を書くとともに，複数の供養碑を建立することの意義を**写真**と**資料**を参考にして書け。ただし，**記憶**ということばを使うこと。

写真

※写真中の説明は，地震からのおおよその経過年数を示す。
（大平明夫「宮崎県における自然災害に関連する石碑の特徴と防災上の意義――GISを利用した防災教材の一例：自然災害石碑マップ――」『宮崎大学教育学部紀要』第92号，2019年，63-65頁より）

資料　三百回忌供養碑文

寛文二年九月十九日ノ地震デ外所村海中ニ陥没シ人畜多数罹災シタ　以来五十年毎ニ碑ヲ建テテ供養シテ来タガ本年ハ三百年忌ニ相当スルノデ将来ノ無災安泰ヲ併セテ祈念シナオコレヲ後世ニ伝エルタメココニ供養碑ヲ建立スル

（安井豊・田辺剛「日向灘の外所地震津波調査について」気象庁『験震時報』第26巻第1号，1961年，33頁，大角恒雄・内山庄一郎「1662年日向灘地震における供養碑及び歴史的資産に関する研究」『防災科学技術研究所研究資料』第467号，2021年，9頁より）

図

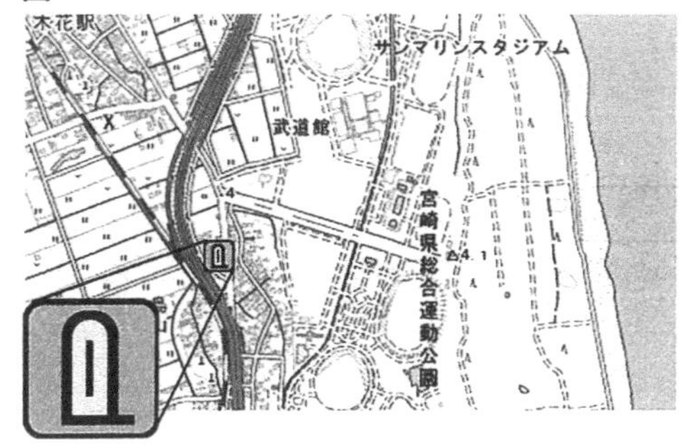

（「地理院地図」より）

2 次のⅠ，Ⅱの問いに答えなさい。答えを選ぶ問いについては一つ選び，その記号を書きなさい。

Ⅰ　次の日本の城についての文章を読んで，１～６の問いに答えよ。

日本には古代から大仙古墳やⓐ法隆寺，または姫路城に代表される世界に誇る建造物がいくつもある。その中でも城に対する人気は現在も根強い。城が防御施設として意識的に築かれたのは，飛鳥時代に日本が送った軍が白村江で敗れ，唐や新羅の攻撃に備えて，朝鮮式の山城や水城（みずき）を築いてからとされている。その後，ⓑ律令制度が整い，ⓒ平安中期までの国内は，大きな争乱はほとんどなく，城が築かれることはほぼなかったが，律令制による支配に抵抗する蝦夷を武力で従わせる拠点として城柵（じょうさく）というものが築かれた。

平安時代後期ごろからⓓ武士が成長し始め，鎌倉時代になると有事の際の逃げ込みを主な目的に山城が築かれるようになる。14世紀ごろ，楠木正成の赤坂城・千早城の合戦以来，山城の戦略面の優位性が認識され，各地の領主は山城を築くようになった。少数の兵で大軍を退けられる山城の存在は，それまでの合戦の勝敗を決めるのは兵力の数という概念を打ち崩した。

一時的におさまった武士同士の争いだったが，ⓔ応仁の乱をきっかけに戦国時代に突入する。しだいに大きな勢力をもつ戦国大名が現れ，また鉄砲が普及してくると，城は山間部からしだいに平野部近くに築かれることが多くなっていった。ⓕ織田信長は天下統一へと進む過程で，山城である岐阜城から安土城へと居城を移した。安土城には，楽市・楽座が行われた城下町や，権威の象徴として巨大な天守がつくられた。城に権威の象徴という考え方が加わったのは安土城からといえる。

1　下線部ⓐが建立された，7世紀の中ごろにおこなわれた大化の改新について述べた文として最も適当なものはどれか。

ア　聖徳太子らが天皇を中心とする政治制度を整えようとした。
イ　壬申の乱に勝った天武天皇は，中国にならって改革を進めた。
ウ　中大兄皇子らが新しい支配の仕組みを作る改革を始めた。
エ　蘇我氏が反対派の豪族をおさえて勢力を強め，推古天皇を即位させた。

2　下線部ⓑに基づいて，天皇の指示で政治を行う役所は何か。**漢字３字**で答えよ。

3　**略系図**は下線部ⓒのころ，都で勢力を強めた藤原氏のものである。**略系図**中①～④の人物について述べた文として最も適当なものはどれか。

藤原家の**略系図**

①鎌足　―　不比等　┬　房前　―　（中略）　―　兼家　―　③道長　―　④頼通
　　　　　　　　　　└　②光明子（光明皇后）

ア　①は，小野妹子らを遣隋使として派遣し，桓武天皇をたすけて，都を平安京に移した。
イ　②は，聖武天皇の皇后となり，仏教の力によって国家を守ろうとした。
ウ　③は，摂政・関白を長くつとめ，遣唐使の停止を提案した。
エ　④は，平泉に本拠をおいて栄え，中尊寺金色堂を建てた。

4　下線部ⓓに関する次の**ア**～**エ**のできごとを，年代の**古い順**に並べよ。

ア　源頼朝が，全国に守護と地頭を置き，征夷大将軍に任命された。
イ　白河上皇が，武士も家臣にするなど，自由に人材を登用した。
ウ　平清盛が，日宋貿易の利益に着目し，航路や兵庫の港を整備した。
エ　天皇と上皇の対立や，政治の実権をめぐる対立などから保元の乱が起きた。

5　図は，下線部ⓔの〔背景・原因〕，〔結果・影響〕をまとめたものである。図中の X ， Y にあてはまる文として最も適当なものを，次のア〜エからそれぞれ選べ。

図

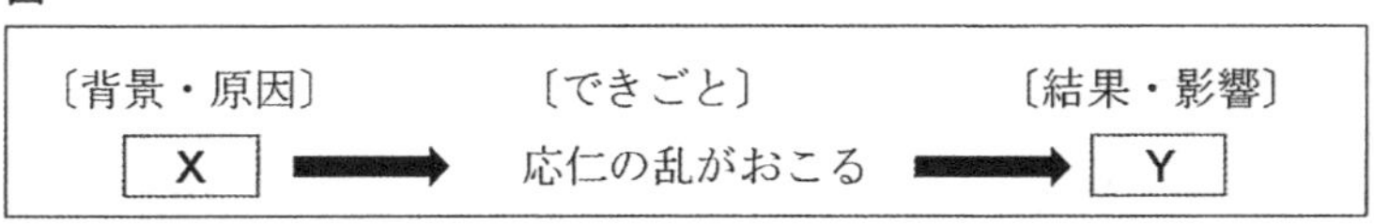

ア　実力のある者が，身分の上の者に打ち勝つ下剋上の風潮が広がった。
イ　足利尊氏が兵をおこし，京都に天皇を立てると，後醍醐天皇は吉野で正統な天皇を主張した。
ウ　農村では百姓一揆が起こり，都市では打ちこわしがおこった。
エ　いくつかの守護大名の相続争いや，将軍のあとつぎ問題をめぐり細川氏と山名氏が対立した。

6　下線部ⓕが16世紀に行ったこととして最も適当なものを A群 ア〜エから選べ。また，同じ世紀に世界で起こったできごとについて述べた文として最も適当なものを B群 カ〜ケから選べ。

A群	
ア　参勤交代の制度を整えた。	イ　九州の島津氏を降伏させた。
ウ　キリスト教の信仰を禁止した。	エ　武田勝頼を長篠の戦いで破った。

B群	
カ　イギリスで名誉革命がおこった。	キ　アメリカで独立宣言が発表された。
ク　ドイツでルターが宗教改革を始めた。	ケ　李成桂が高麗をたおして朝鮮国を建てた。

Ⅱ　**略年表**をみて１〜７の問いに答えよ。

略年表

世紀	で き ご と
17	ⓐ徳川家康がⓑ江戸幕府を開く
19	ⓒ明治政府が，欧米に大規模な使節団を派遣する ⓓ明治政府が，東アジアの国々と国交を結ぶ 日清戦争がはじまる
20	日露戦争がはじまる 第一次世界大戦がはじまる ⓔ世界恐慌がおこる 第二次世界大戦がはじまる ⓕ太平洋戦争がはじまる ⓖ国際連合が発足する

資料１

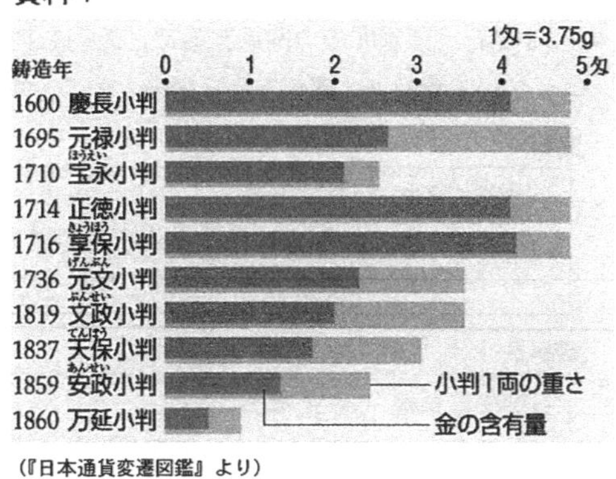

（『日本通貨変遷図鑑』より）

1　**資料１**は，下線部ⓐが将軍であった江戸幕府初期から幕末にかけて，江戸幕府が造った小判の重量・金の成分比の推移をグラフにしたものである。**資料１**の説明として最も適当なものはどれか。
ア　幕府財政を改善しようとして，将軍徳川綱吉は，慶長小判より質の劣る元禄小判を発行して，小判の流通量を増やした。
イ　幕府財政を立て直すため，儒学者の新井白石は，元禄小判より質の劣る正徳小判を発行して小判の流通量を増やした。
ウ　開港による金貨流出を防止するため，天保小判は，すべての小判のなかで最軽量，金の含有量も最少の小判に造られている。
エ　幕府財政の悪化と金の産出量の減少のため，小判の金の含有量は徳川家康のころから幕末まですべて減少している。

2　**資料2**は，17 世紀後半における下線部ⓑとその周辺の国や地域との貿易，使節の往来などの結びつき（**資料2**中の**—**）を模式的に表したものである。**資料2**中の**A**～**D**にあてはまることばの組み合せとして最も適当なものはどれか。

資料2

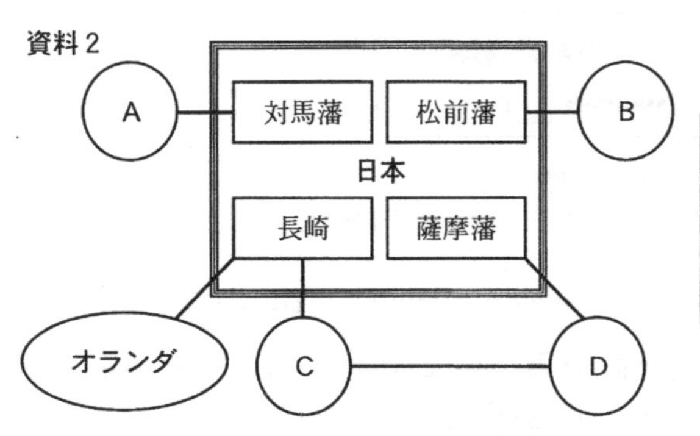

	ア	イ	ウ	エ	オ	カ
A	蝦夷地	琉球	清	朝鮮	朝鮮	琉球
B	清	朝鮮	蝦夷地	琉球	蝦夷地	清
C	朝鮮	清	琉球	蝦夷地	清	蝦夷地
D	琉球	蝦夷地	朝鮮	清	琉球	朝鮮

3　下線部ⓒについて，**資料3**は，1871 年に欧米に派遣された使節団である。中央の和装の人物は誰か。**漢字**で答えよ。

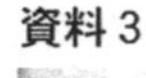
資料3

4　19 世紀，国家間の力関係次第で，条約を押し付けられることもあった。そのような事をふまえて，下線部ⓓについて**資料4**，**資料5**から読みとれる，明治政府が結んだ二つの条約がもつ特徴をそれぞれ書け。

資料4

日清修好条規（1871 年）
　第８条　両国の開港地にはそれぞれの役人を置き，自国の商人の取りしまりを行う。
　　　　　財産や産業について訴えがあった事件は，その役人が裁判を行い，自国の法律で裁く。（部分要約）

資料5

日朝修好条規（1876 年）
　第10条　日本国の人民が，朝鮮国の開港地に在留中に罪を犯し，朝鮮国の人民に関係する事件は，日本国の領事が裁判を行う。（部分要約）

5　下線部ⓔに関して，**資料6**は，1929 年を 100 として 1928 年から 1935 年までの日本，アメリカ，イギリス，ソ連，ドイツの工業生産指数の推移を表している。**A**国が進めた政策として最も適当なものはどれか。

ア　本国とインドなどの植民地との貿易を拡大しながら，他国の商品をしめだすブロック経済を進めた。

イ　実質的に支配した満州国へ移民を送る政策を進めた。

ウ　積極的に経済を調整するニューディール政策を進めた。

エ　社会主義のもとで「五か年計画」とよばれる経済政策を進めた。

資料6

各国の工業生産指数（国際連盟「統計月報」）

(1929年を100とする)
A
0 50 100 150 200 250 300
1928年 29 30 31 32 33 34 35

6　下線部ⓕについて，日本の戦況が不利になったミッドウェー海戦の場所は**地図**中のどれか。

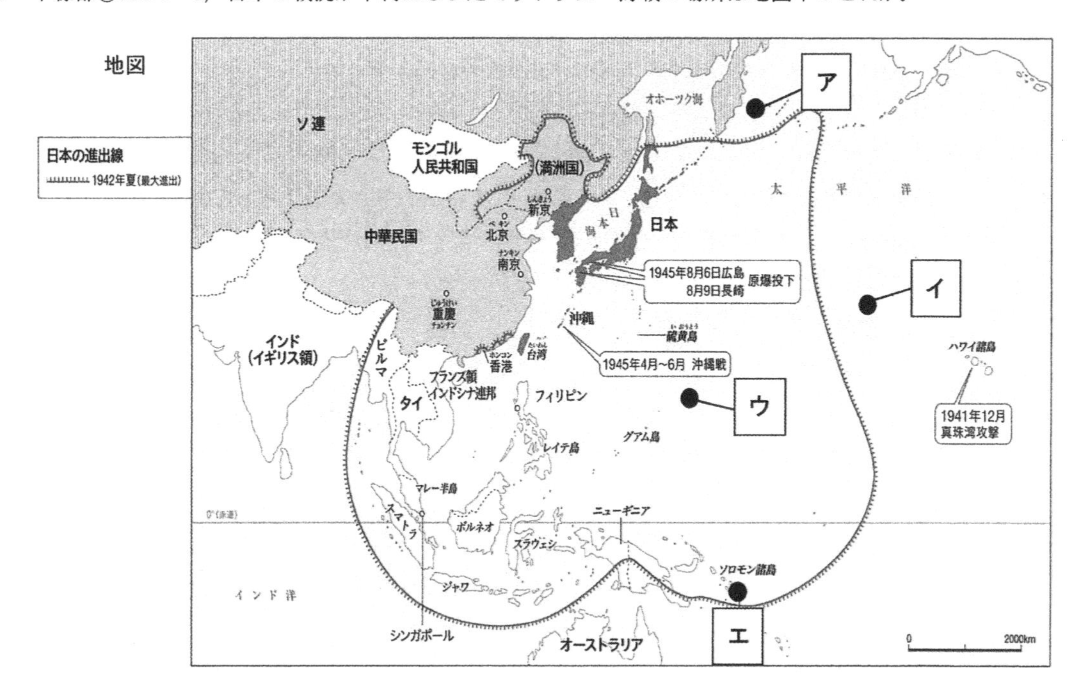

7　**資料7**は1945年から2002年までの下線部ⓖの加盟国数の推移を示したものである。1990年から2000年の期間において加盟国数が大幅に増加している理由について，ある中学生は社会科の授業で学習した**資料8**を参考にして考察した。この中学生の考察が正しいものになるように，［X］，［Y］に適することばを補い，これを完成させよ。

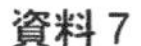

資料7

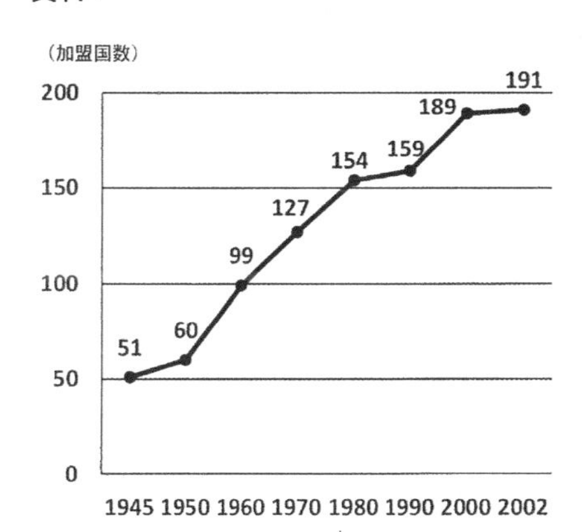

(国連広報資料から作成)

資料8

中学生の考察

資料7中の1990年から2000年までに国際連合の加盟国数が大幅に増加しているおもな理由は，**資料8**のできごとの後，1989年のマルタ会談で［X］の終結が宣言され，その2年後の［Y］によって，多くの国々が独立を果たして国際連合に加盟したからではないか，と考えた。

3 次の会話文は，中学生のAさん，Bさんとその先生による会話である。1～13の問いに答えなさい。答えを選ぶ問いについては一つ選び，その記号を書きなさい。

Aさん　「最近の社会の授業って，ⓐ憲法についての内容が続いているよね。」
Bさん　「確かにそうだね。今日はⓑ自由権や平等権について教わったね。教科書の目次を見ると40ページ以上憲法についての内容が続くよ。実は，早くⓒ経済について勉強したいと思っているんだ。」
Aさん　「目次を見せて。本当だ。早く他の単元に進みたいというBさんの意思を反映して授業を実施していただけるように，先生へ伝えてみようかな。」
Bさん　「そんな個人の都合で簡単に全体を動かしてはいけないと思うよ。ほら，ⓓ憲法の改正は簡単にはできない制度になっていると習ったばかりでしょう？」
Aさん　「そうか。それでは生徒の多数決で決めてもらおう。選挙やⓔ投票の勉強にもなるよ。」
Bさん　「Aさんは授業を何かのⓕ議会だと思っているのかい？　先生は，クラス間のⓖ格差が生まれないように計画的に授業を実施しているのだよ。」
Aさん　「だめかなぁ。教室国会では私が衆議院，Bさんがⓗ参議院。なんてね。」
先生　「おや，AさんとBさん。何の話をしているのかい？　教室国会という謎の言葉が聞こえて…。」
Aさん　「せ，先生!?　いや，Bさんと教科書で今後の学習内容を確認していたところです。」
Bさん　「はい。Aさんと教科書の目次を見て確認をしていました。」
先生　「なるほど。『ⓘ疑わしきは罰せず』です。感心な二人には，夏の課題レポートを先に渡してあげよう。Aさんは『ⓙ裁判員制度』と『ⓚ刑罰の種類』について，Bさんは『ⓛ経済活動』と『ⓜ市場経済』について，それぞれ調べてレポートを作成してください。」
Aさん，Bさん　「やったぁ。」

1　下線部ⓐに関して，日本国憲法の三大原理として，**誤っているもの**はどれか。
　ア　基本的人権の尊重　　イ　立憲主義　　ウ　国民主権　　エ　平和主義

2　下線部ⓑに関して，以下の X ， Y に適することばの組み合わせとして最も適当なものはどれか。

　すべて国民は，法の下に平等であつて，人種，信条，性別，社会的身分又は X により，政治的，経済的又は社会的関係において，差別されない。（日本国憲法第14条）
　何人も，公共の福祉に反しない限り，居住，移転及び Y の自由を有する。（日本国憲法第22条）

	ア	イ	ウ	エ	オ	カ
X	信仰	信仰	門地	門地	職業選択	職業選択
Y	職業選択	門地	信仰	職業選択	信仰	門地

3　下線部ⓒに関して，経済の三つの主体は，政府，企業とあと一つは何か。

4　下線部ⓓに関して，日本における憲法改正の手続きで，国会が発議を行った後，提案の承認を得るために行われることは何か。

2024(R6) 鹿児島高
教英出版

5　下線部ⓔに関して，日本で実施されている選挙の原則として，**誤っているもの**はどれか。

ア　間接選挙　　**イ**　平等選挙　　**ウ**　普通選挙　　**エ**　秘密選挙

6　下線部ⓕに関して，衆議院・参議院にはそれぞれ比例代表選出の議員と小選挙区選出（参議院は選挙区選出）の議員が存在する。それぞれの定数を比べて，人数の多い順に次の**ア**～**エ**を並べよ。

ア　衆議院比例代表選出　　**イ**　衆議院小選挙区選出

ウ　参議院比例代表選出　　**エ**　参議院選挙区選出

7　下線部ⓖに関して，近年では発展途上国の間でも，資源や成長産業を持つ国とそうでない国の間で経済格差が広がっている。この問題は何とよばれているか。

8　下線部ⓗに関して，日本の参議院には認められていない権能（権利を行使する能力）は何か。

ア　法律案の議決　　**イ**　内閣総理大臣の指名　　**ウ**　内閣不信任の決議　　**エ**　条約の承認

9　下線部ⓘに関して述べた次の文の［Z］，［W］に適することばを補い，これを完成させよ。ただし，［Z］，［W］どちらにも**確証**ということばを使うこと。

「疑わしきは罰せず（被告人の利益に）」の原則とは，裁判官は，［Z］を持ったときだけではなく，［W］ときも，有罪の判決は出さないこと。

10　下線部ⓙに関して，2009年から始まった日本の裁判員制度では，くじで選ばれた6名の裁判員が，裁判官と共に法廷での裁判を行う。このとき，裁判官の人数は何名か。

11　下線部ⓚに関して，有罪判決を受けても，一定の期間，罪を犯すことなく無事に経過すれば，刑の言い渡しがなかったことになる制度を何というか。

12　下線部ⓛに関して，「価値の尺度」「交換の手段」「価値の保存」の三つの働きをもつものは何か。

13　下線部ⓜに関して，市場経済には好況と不況が繰り返される性質がある。この性質を**漢字4字**で答えよ。

令和６年度

学校法人
津曲学園 **鹿児島高等学校入学試験問題**

第５時限

理　　科

（50分）

（注　　意）

1 「始め」の合図があるまで，開いてはいけません。

2 問題用紙は表紙を入れて９ページあります。これとは別に解答用紙が１枚あります。

3 「始め」の合図があったら，解答用紙の志望学科・コースの所定の欄に○印をし，受験番号を記入しなさい。

4 答えは，**すべて解答用紙の枠内に記入しなさい。**

5 「やめ」の合図があったら，すぐに筆記用具を置きなさい。

1 次のⅠ・Ⅱについて，以下の問いに答えなさい。

Ⅰ　光学顕微鏡を用いてツユクサの葉の細胞の観察を行った。

1　光学顕微鏡の使い方について，次の文中の（　ア　）～（　ウ　）に入る適当な語句の組み合わせとして最も適当なものを，次の①～④から選び，番号で答えよ。

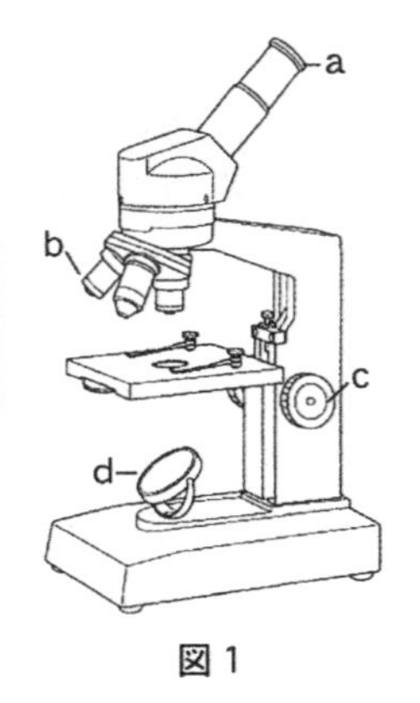

図１

（　ア　）レンズ →（　イ　）レンズの順に取り付ける。使用するレンズは最も倍率の（　ウ　）ものから使用する。

	（　ア　）	（　イ　）	（　ウ　）
①	対物	接眼	高い
②	対物	接眼	低い
③	接眼	対物	高い
④	接眼	対物	低い

2　顕微鏡をのぞいたとき，視野の明るさが不均一であった。視野を明るくするために操作するべき箇所として適当なものを，図１のａ～ｄから選び，記号で答えよ。また，その名称も答えよ。

3　観察された細胞を図２に示す。

⑴　図２中の細胞Ｘの名称を答えよ。

⑵　細胞Ｘに囲まれたすきまについて，次の文中の（　ア　）～（　ウ　）に入る語句の組み合わせとして最も適当なものを，次の①～⑧から選び，番号で答えよ。

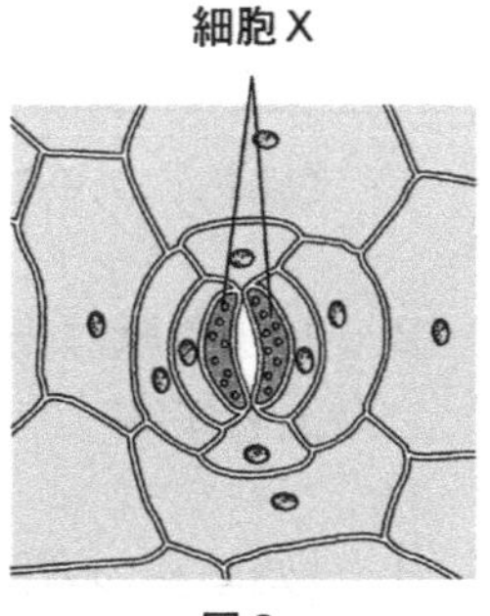

図２

この構造は葉の（　ア　）側に多く見られ，（　イ　）と二酸化炭素の交換を行っている。また，これら気体の交換が起きると同時に蒸散も起きており，蒸散量が多くなると根からの水分の吸収量は（　ウ　）なる。

	（　ア　）	（　イ　）	（　ウ　）
①	表	窒素	多く
②	表	窒素	少なく
③	表	酸素	多く
④	表	酸素	少なく
⑤	裏	窒素	多く
⑥	裏	窒素	少なく
⑦	裏	酸素	多く
⑧	裏	酸素	少なく

4　ツユクサの葉の細胞とヒトのほおの細胞，ゾウリムシについてそれぞれの違いなどを以下の表にまとめた。表中の（　ア　）～（　ウ　）に，それぞれの細胞に見られるものには○，見られないものには×で答えよ。

	ツユクサの葉	ヒトのほお	ゾウリムシ
核	○	○	（　ア　）
細胞膜	○	○	○
細胞壁	○	×	（　イ　）
葉緑体	○	×	×
発達した液胞	○	（　ウ　）	×

5　細胞内の核を観察するために用いる染色液の名称を答えよ。

Ⅱ　遺伝子と形質について，以下の問いに答えなさい。

ある植物には赤色の花をつける個体と白色の花をつける個体がある。赤色の花をつける個体と白色の花をつける個体をかけ合わせたところ，子の世代の植物はすべて赤色の花をつけた。なお，花の色を決める遺伝子は１組の対立遺伝子によって形質が決まっており，赤色の花をつける遺伝子をA，白色の花をつける遺伝子をaで表すものとする。

1　下線部のように子の世代に現れる形質を何というか，**漢字**で答えよ。

2　下線部の子の世代の植物どうしをかけ合わせてできる孫の世代の植物について，以下の問いに答えよ。

⑴　赤色の花と白色の花の個体数の比を最も簡単な整数比で答えよ。

⑵　300個の種子が得られるとき，遺伝子の組み合わせがAAで表される種子はいくつ現れると考えられるか。

3　遺伝子の組み合わせがわからない赤色の花に白色の花をかけ合わせたとき，子の植物の赤色の花をつける個体と白色の花をつける個体は１：１の割合で現れた。親の赤色の花の遺伝子の組み合わせはどのように表せるか。

2 次のⅠ・Ⅱについて，以下の問いに答えなさい。

Ⅰ　空気中に含まれる水蒸気について調べるため，以下の操作で実験を行った。**表1**は今回の実験結果を，**表2**は気温と飽和水蒸気量の関係を示したものである。

【操作1】 教室の気温を測定する。
【操作2】 金属製のコップに水を入れ，十分に放置する。
【操作3】 金属製のコップの水に少しずつ氷水を加えて，ガラス棒で静かにかき混ぜながら水温を下げる。
【操作4】 金属製のコップの表面に水滴がつき始めたときの水温を測定する。

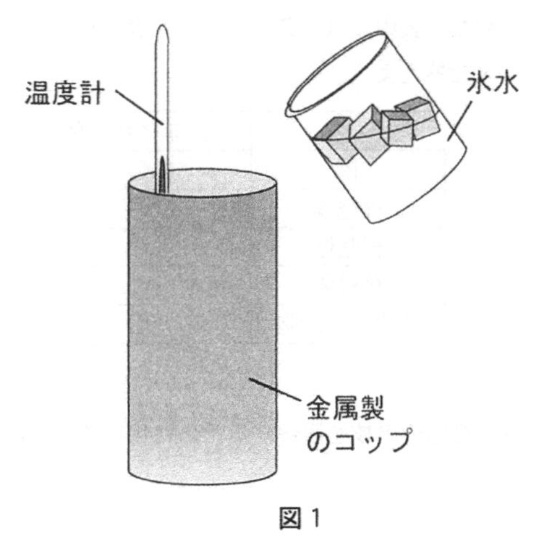

図1

表1　実験結果

教室の気温	25.0 ℃
金属製のコップの表面に水滴がつき始めたときの水温	14.0 ℃

1　金属製のコップを使う理由を**15字以内**で答えよ。

2　金属製のコップの表面に水滴がつき始めたときの温度を何というか。

3　実験中における教室の空気1 m^3 あたりに含まれる水蒸気は何 g か。

4　実験中における教室の空気の湿度は何％か。**小数第1位**を四捨五入して，**整数**で答えよ。

5　この実験について述べた次の文中の空欄①，②に適する語を答えよ。

> 湿度が同じである場合，気温が高いほど金属製のコップに水滴がつき始めるときの水温は（　①　）い。また，気温が同じである場合，湿度が高いほど金属製のコップに水滴がつき始めるときの水温は（　②　）い。

表2　気温と飽和水蒸気量の関係

気温〔℃〕	飽和水蒸気量〔g/m^3〕
13	11.4
14	12.1
15	12.8
16	13.6
17	14.5
18	15.4
19	16.3
20	17.3
21	18.4
22	19.4
23	20.6
24	21.8
25	23.1

Ⅱ　日本には数多くのさまざまな形の火山が存在している。火山が噴火したときに放出される噴出物には，火山ガスや火山灰などがあげられる。図２は流紋岩を観察したときにみられた組織を示したものである。

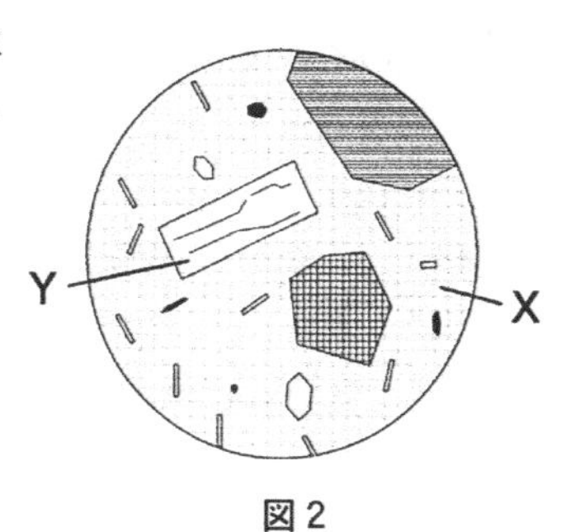

図２

1　火山ガスの主成分を答えよ。

2　次の文中の空欄①～③に適する語を答えよ。

> 噴出時のマグマの粘り気が（　①　）ものほど，溶岩や火山灰などの噴出物の色は白っぽくなる。これらには，ア無色鉱物が有色鉱物より多く含まれている。
> 図２のＹのように比較的大きな結晶を（　②　）といい，そのまわりのＸのように細かい結晶やガラス質の部分を（　③　）という。

3　前問２の下線部アの鉱物の例を２つ答えよ。

4　次のア～ウは火山の形を模式的に示したものである。観察した流紋岩がみられる火山の形として最も適当なものを，次のア～ウから選び，記号で答えよ。

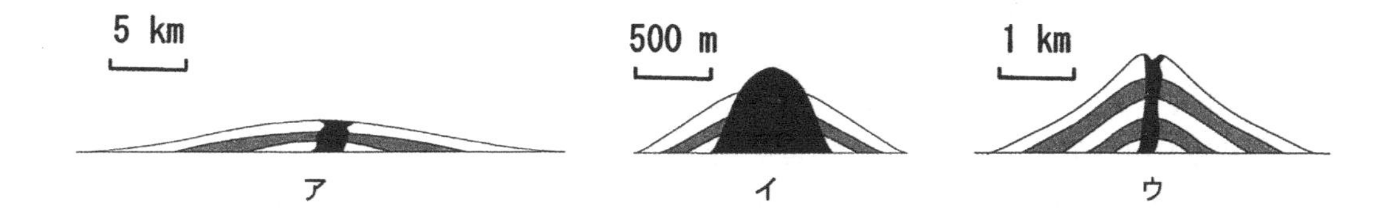

5　図２中でみられた比較的大きな結晶Ｙのでき方について述べた文として最も適当なものを，次のア～エから選び，記号で答えよ。

ア　地表や地表近くで，マグマがゆっくりと冷やされて結晶Ｙができた。
イ　地表や地表近くで，マグマが急速に冷やされて結晶Ｙができた。
ウ　地下の深いところで，マグマがゆっくりと冷やされて結晶Ｙができた。
エ　地下の深いところで，マグマが急速に冷やされて結晶Ｙができた。

3 金属のイオンへのなりやすさの違いと電池のしくみを調べるために，次の実験を行った。以下の問いに答えなさい。

【実験１】 硫酸銅水溶液，硫酸マグネシウム水溶液，硫酸亜鉛水溶液を入れた試験管をそれぞれ３本ずつ用意した。各試験管に銅，マグネシウム，亜鉛の金属片を入れて変化を調べる実験を行った。そのときの実験結果が次の**表**である。

表

金属片＼水溶液	硫酸銅水溶液	硫酸マグネシウム水溶液	硫酸亜鉛水溶液
銅	変化なし	変化なし	変化なし
マグネシウム	マグネシウム片に銅が付着した	変化なし	マグネシウム片に亜鉛が付着した
亜鉛	亜鉛片に銅が付着した	変化なし	変化なし

【実験２】 **図１**のように，あらかじめ電子オルゴールをつないである銅板と亜鉛板をうすい塩酸に入れると，電子オルゴールは鳴り，銅板からは気体が発生した。

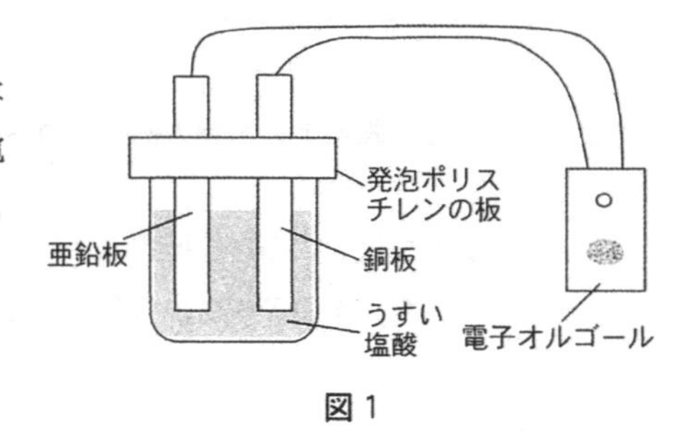

図１

【実験３】 **図２**のように，真ん中をセロハン膜で仕切った容器の片方に硫酸銅水溶液を入れ，銅板を入れた。もう片方には，硫酸亜鉛水溶液を入れ，亜鉛板を入れた。電子オルゴールをつなぐと，電子オルゴールは鳴り，銅板から気体の発生は見られなかった。

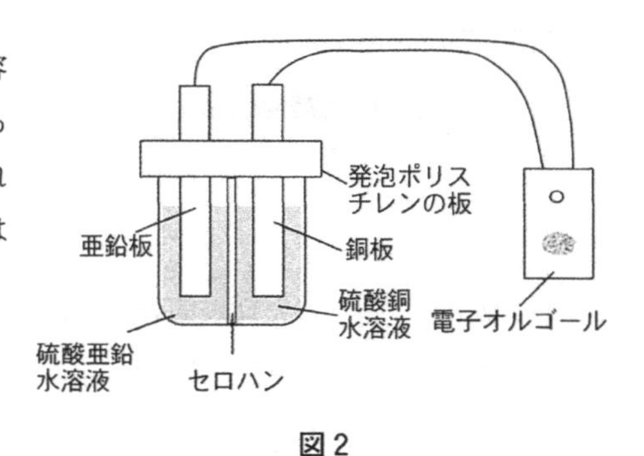

図２

1 **図３**は，硫酸銅水溶液に亜鉛片を入れたときの変化を表したモデル図である。
◎，○，●の各記号が表しているものを，それぞれ次の**ア**～**キ**から選び，記号で答えよ。

ア Cu　**イ** Cu^{2+}　**ウ** Zn　**エ** Zn^{2+}
オ H^{+}　**カ** SO_4^{2-}　**キ** e^{-}

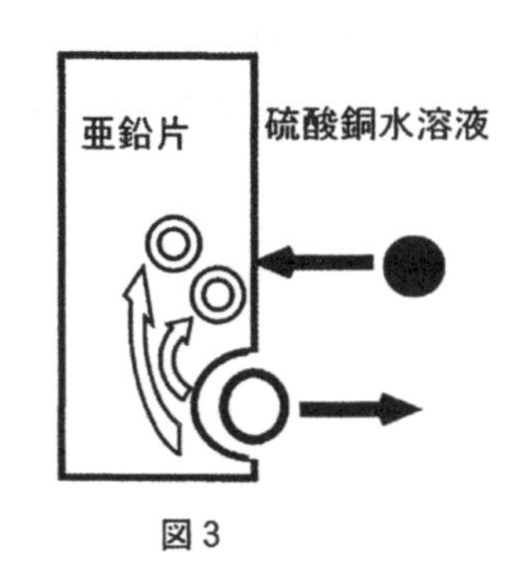

図３

令和六年度

国語解答用紙

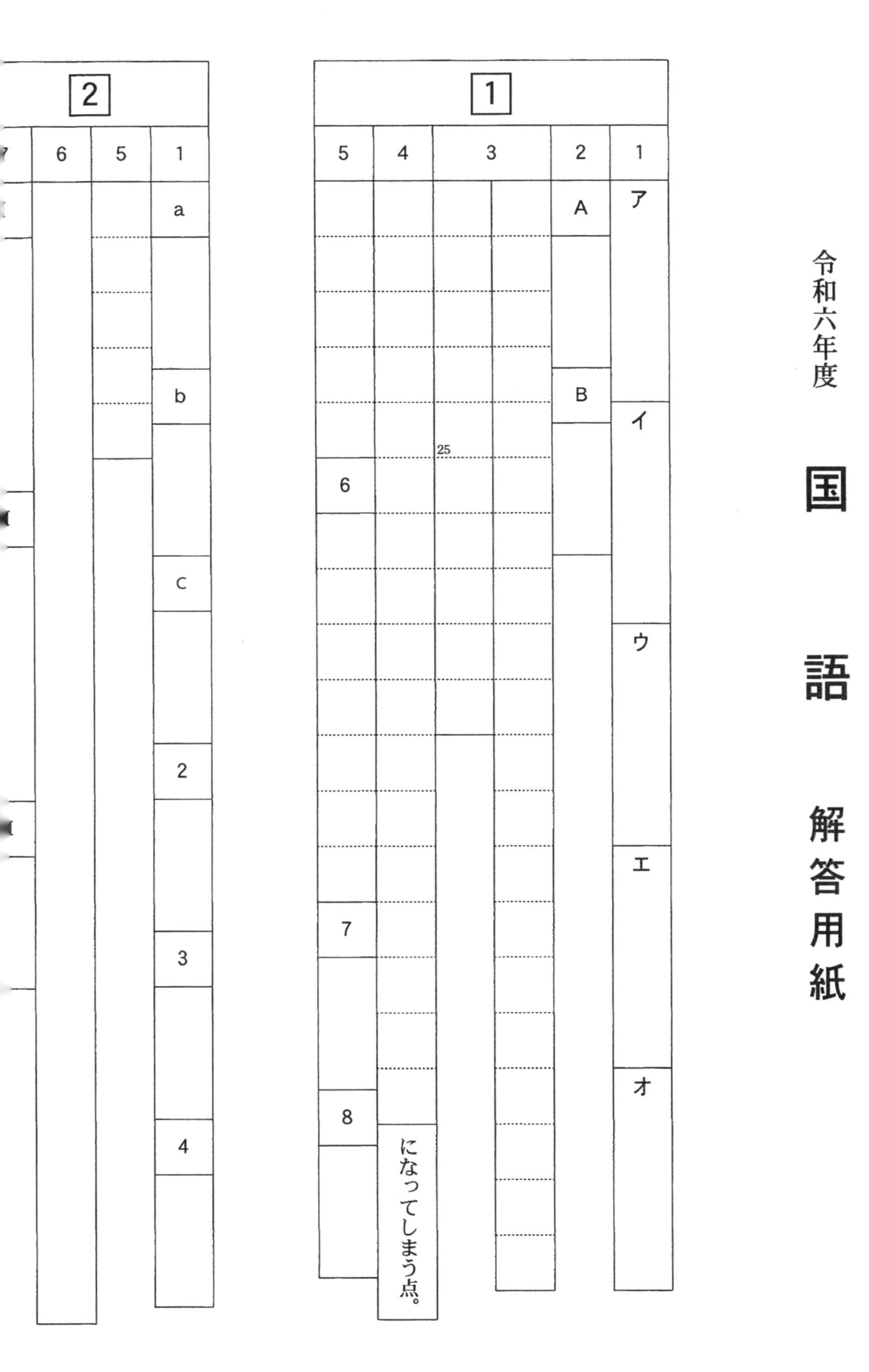

令和六年度　国語　解答用紙

1

1 2 3 4 5

ア イ ウ エ オ

2

1 2 3 4

(3)	(4)

4

(1)		(2)	(3)	
			(i)	(ii)
y 座標	$a=$			:

5

(1)	(2)	(3)	(4)
cm	度	cm^2	cm^3

○印	志望学科・コース	受験番号
	普通科	番
	英数科特進コース	
	英数科英数コース	
	情報ビジネス科	

24012602

合計
点

（配点非公表）

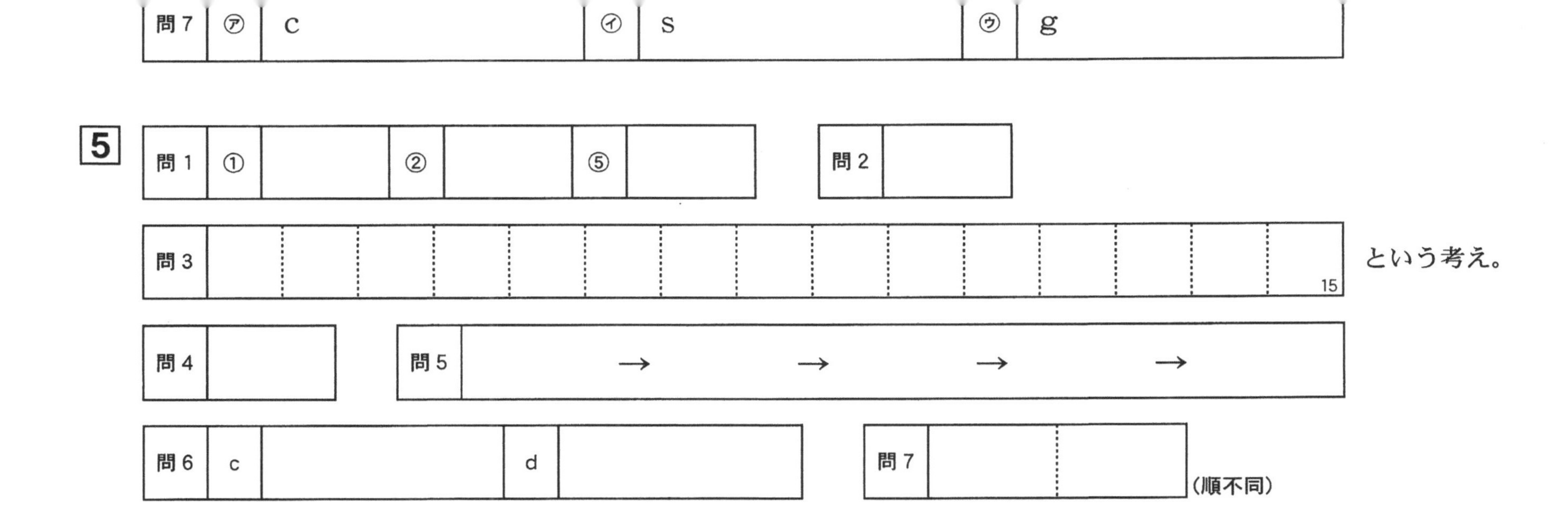

問 7 ㋐ c ㋑ s ㋒ g

5

問 1 ① ② ⑤

問 2

問 3 という考え。 15

問 4

問 5 → → → →

問 6 c d

問 7 (順不同)

○印	志望学科・コース	受験番号
	普　通　科	番
	英数科特進コース	
	英数科英数コース	
	情報ビジネス科	

24012603

合　計
点

（配点非公表）

5		6		7	X		Y	

3

1		2		3		4	
5		6	→ → →				
7		8					
9	Z		W				
10	名	11		12			
13							

○印	志望学科・コース	受験番号
	普　　通　　科	番
	英数科特進コース	
	英数科英数コース	

合　　計
点

（配点非公表）

3	亜鉛板		銅板	

4															

5		6		7	(1)	①		②		(2)	の電池

4

I

1	①	m	2	②	m	③	m	3	m

II

1	(1)		(2)		2	(a)		(b)	

○印	志望学科・コース	受験番号
	普通科	番
	英数科特進コース	
	英数科英数コース	

合計
点

（配点非公表）

令和６年度　理　科　解答用紙

1

I

1		2	記号		名称		3	(1)		(2)	
4	(ア)		(イ)		(ウ)		5				

II

1		2	(1)	赤色 ： 白色 ＝ ：	(2)	個	3	

2

I

1																
2		3	g	4	%	5	①		②							

II

1		2	①		②		③	
3			4		5			

【解答

令和６年度　**社　会　解答用紙**

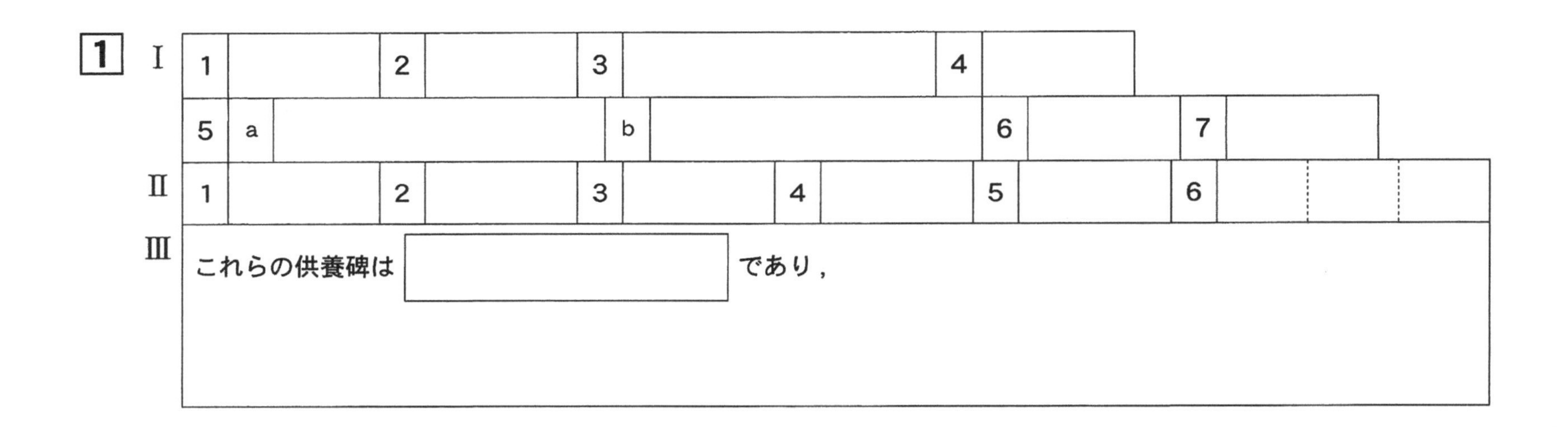

1

Ⅰ	1		2		3		4	
	5	a		b		6		7

Ⅱ	1		2		3		4		5		6			

Ⅲ　これらの供養碑は　　　　　　　であり，

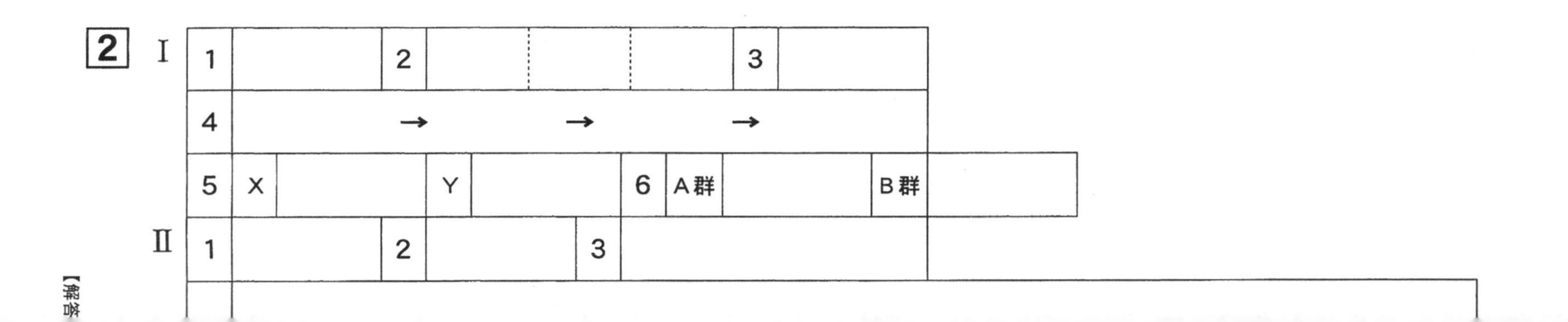

2

Ⅰ	1		2				3	
	4	→	→	→				
	5	X		Y		6	A群		B群	

Ⅱ	1		2		3	

【解答

令和６年度　**英　語　解答用紙**

1

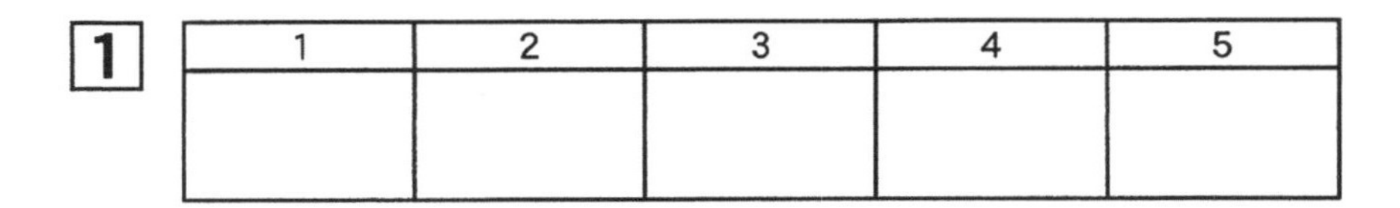

1	2	3	4	5

2

	2番目	4番目		2番目	4番目		2番目	4番目
1			2			3		
4			5					

3

1	2	3	4	5

4

問1	A		B		C		D	

問2	

問3	I wish (　　　　　　　　　　　　　　　　　　　　).

問4	

【解答

令和６年度　**数　学　解答用紙**

1

(1)	(2)	(3)	(4)	(5)
(6)	(7)	(8)	(9)	(10)
$x=$	度	cm		個

2

(1)	(2)	
	①	②

(3)			
①	②		
{ 　　　　$=3700$ 　　　　$=3660$	円		
	(4)		
	（　Ⅰ　）	（　Ⅱ　）	（　Ⅲ　）

【解答

3	
1	
2	
3	
4	
5	
6	
7	
8	
9	画目
10	

4	
1	(1)
	(2)
2	
3	
4	
5	最初 〜 最後
6	
7	

○印	志望学科・コース
	普通科
	英数科特進コース
	英数科英数コース
	情報ビジネス科

受験番号
番

合計
点

（配点非公表）

2　**実験1**の各水溶液を入れた試験管を準備し，それぞれにある金属片Xを入れたところ，硫酸銅水溶液だけ銅の付着が見られた。銅，マグネシウム，亜鉛，Xをイオンになりやすい順に並べよ。ただし，銅，マグネシウム，亜鉛は，元素記号で答えよ。

3　**実験2**の各金属板で起こっている反応を，イオンと電子を表す化学式を用いた化学反応式で書け。

4　**実験2**の電池には，問題点が2つある。1つは，「可燃性の気体が発生する。」ということである。もう1つは何か。**15字以内**で答えよ。

5　**実験3**の電池は，**実験2**の電池の改良型として発明された。発明した人の名前を答えよ。

6　**実験3**での変化を表したモデル図として最も適当なものを，次の**ア**～**カ**から選び，記号で答えよ。

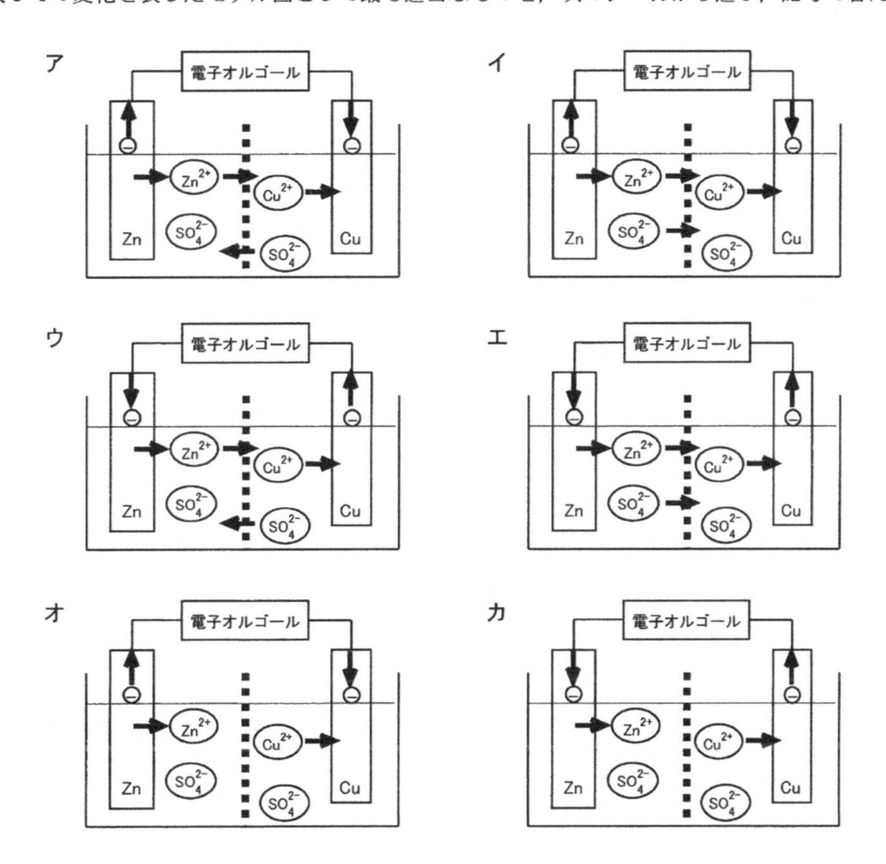

7　**実験3**の金属板と水溶液の組み合わせを次のように変え，電子オルゴールの代わりに電圧計をつないだ。

①　マグネシウム板と硫酸マグネシウム水溶液，亜鉛板と硫酸亜鉛水溶液

②　マグネシウム板と硫酸マグネシウム水溶液，銅板と硫酸銅水溶液

(1)　①，②の電池で，どちらの金属板が＋極になるか。それぞれ答えよ。

(2)　**実験3**の電池，①の電池，②の電池のうち，最も電圧が高くなるのはどれか。

4 次のⅠ・Ⅱについて，以下の問いに答えなさい。

Ⅰ　力学的エネルギーと仕事について，以下の問いに答えなさい。ただし，図1～図3で，面と面が接するところは段差がないようになめらかに接続されているものとする。

1　摩擦のない曲面と摩擦のある平面を組み合わせて，図1のような実験装置を作り，物体を置く高さと摩擦面をすべる距離との関係を調べたところ，表1のような結果になった。①にあてはまる数値を答えよ。

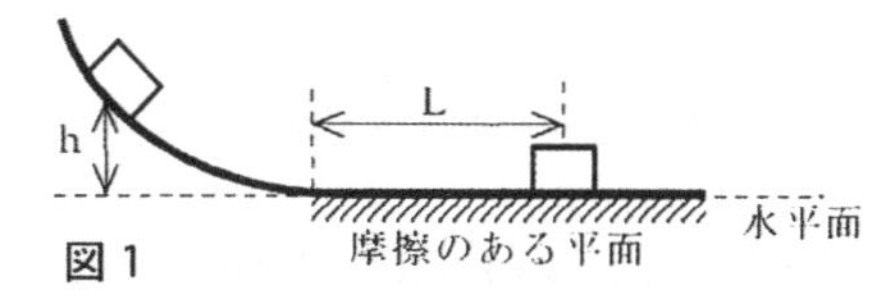

図1

表1

物体を置く高さ　h[m]	0.10	0.20	0.30	0.40
摩擦面をすべった距離　L[m]	0.15	0.30	0.45	①

2　摩擦のない曲面を2つ組み合わせて，図2のような実験装置を作り，物体の初めの速さや物体を置く高さを変え，物体が達する高さとの関係を調べたところ，表2のような結果になった。②，③にあてはまる数値を答えよ。

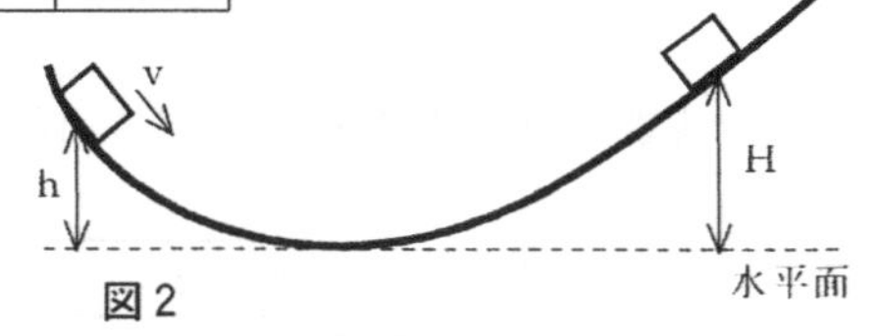

図2

表2

物体を置く高さ　h[m]	0	0	0.10	0.20	②	0.30
物体の初めの速さ　v[m/s]	1.4	2.8	0	0	1.4	2.8
物体が達した高さ　H[m]	0.10	0.40	0.10	0.20	0.30	③

3　摩擦のない曲面2つと摩擦のある平面を組み合わせて，図3のような実験装置を作り，物体を0.10mの高さから，初めの速さ2.8m/sですべらせた。摩擦のある平面の距離が0.30mであるとき，物体が上がる高さHを求めよ。ただし，この平面の摩擦力は図1と同じである。

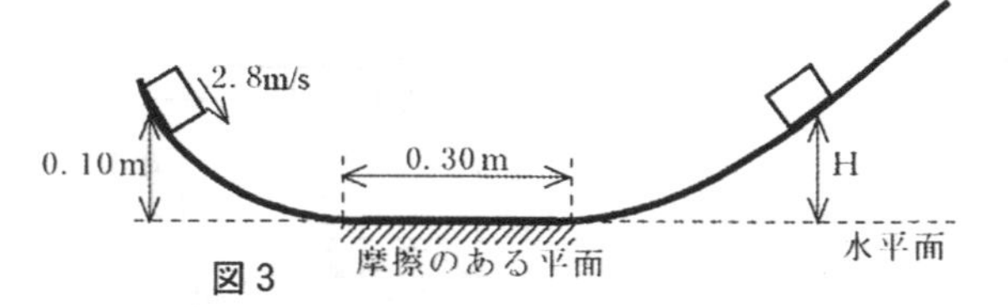

図3

Ⅱ　電流と磁場について，以下の問いに答えなさい。

1　次の(1)，(2)の文中に入れる語句の組み合わせとして最も適当なものを，以下の①～⑥からそれぞれ選び，番号で答えよ。

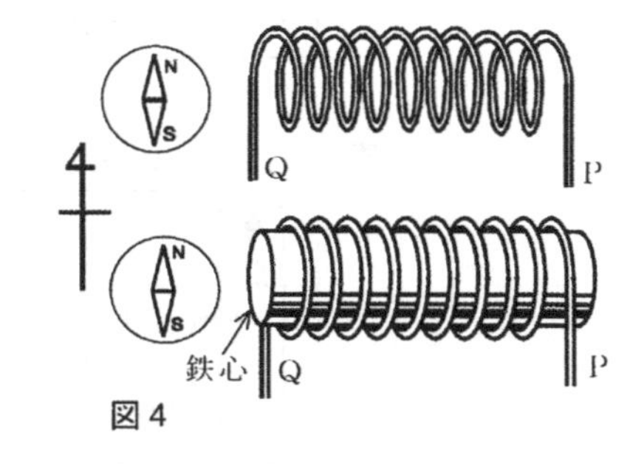

図4

(1)　図4でコイルのPからQの向きに電流を流すと磁針のN極は（　ア　）に少し傾いた。この状態で鉄心を入れると，N極は（　イ　）。鉄心の代わりにプラスチックの棒を入れると，振れの角は（　ウ　）。

	（　ア　）	（　イ　）	（　ウ　）
①	東	さらに大きく東に傾いた	鉄心と同じくらいになった
②	東	さらに大きく東に傾いた	初めと同じくらいになった
③	東	ほぼ西向きに傾いた	初めと同じくらいになった
④	西	さらに大きく西に傾いた	鉄心と同じくらいになった
⑤	西	さらに大きく西に傾いた	初めと同じくらいになった
⑥	西	ほぼ東向きに傾いた	鉄心と同じくらいになった

(2) **図5**のように平面に対し裏から表へ垂直に流れる電流がつくる磁場により，磁針のN極がほぼ西を向いている状態で，コイルを磁針の東側に置いて電流を流した。電流を（　**ア**　）の向きに流すとき，電流を大きくしていっても磁針の向きは変わらないが，電流を（　**イ**　）の向きに流すと，電流がある値を超えたとき磁針は大きく振れ，磁針のN極が（　**ウ**　）向きになった。

	（ア）	（イ）	（ウ）
①	PからQ	QからP	北
②	QからP	PからQ	北
③	PからQ	QからP	東
④	QからP	PからQ	東
⑤	PからQ	QからP	南
⑥	QからP	PからQ	南

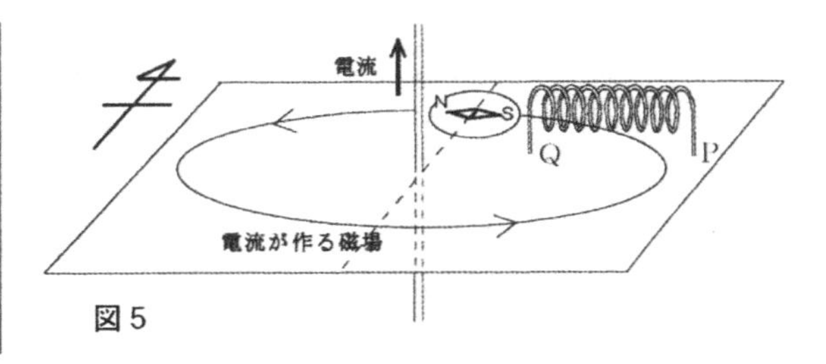

図5

2　電磁誘導の実験を行うために，**図6**のように，磁石を初めN極を右にして磁石をコイルの左側に置いた。以下の**操作1～5**を行い，コイルの誘導電流を電流センサーで測定し，電流がPからQに流れるときを正としてグラフを描いたところ，**操作1～3**についてはそれぞれ**図7**のグラフ**ア～ウ**のようになった。

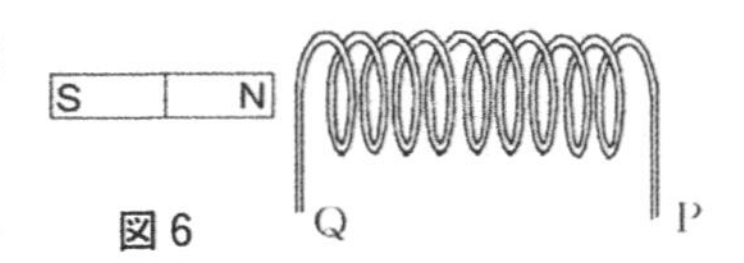

図6

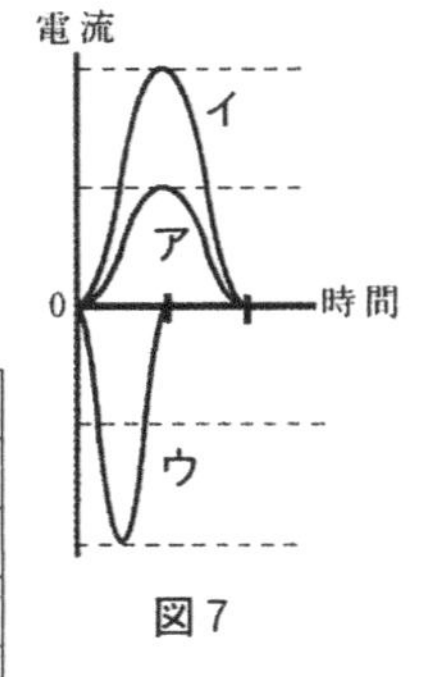

図7

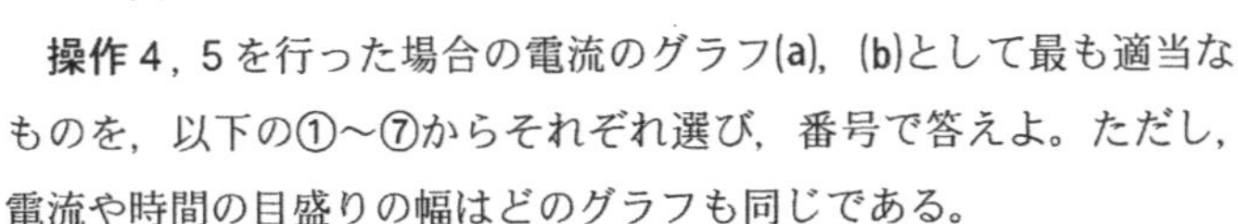

操作4，5を行った場合の電流のグラフ(a)，(b)として最も適当なものを，以下の①～⑦からそれぞれ選び，番号で答えよ。ただし，電流や時間の目盛りの幅はどのグラフも同じである。

	磁石とコイルの動かし方	グラフ
操作1	磁石のN極を速さvでコイルに近づける。	**ア**
操作2	磁力が2倍の磁石に換え，N極をコイルに速さvで近づける。	**イ**
操作3	磁石の向きを反対にし，コイルを磁石のS極に速さ2vで近づける。	**ウ**
操作4	磁力が2倍の磁石に換え，磁石の向きを反対にして，S極をコイルから速さ0.5vで遠ざける。	(a)
操作5	磁力が2倍の磁石に換え，N極をコイルに速さvで近づけると同時に，コイルをN極に速さvで近づける。	(b)

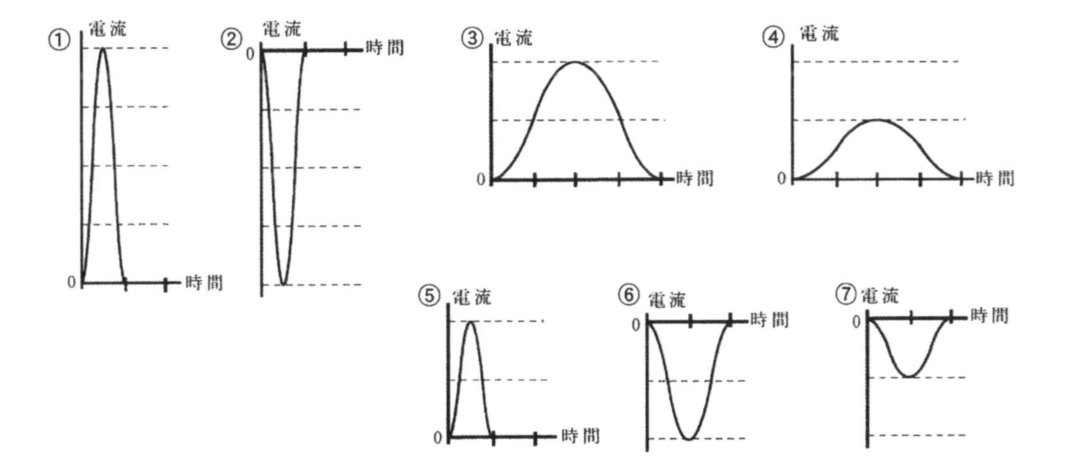

2024(R6) 鹿児島高
K 教英出版

令和５年度

学校法人
津曲学園

鹿児島高等学校入学試験問題

第１時限

国　　語

（50分）

（注　　意）

1　「始め」の合図があるまで，開いてはいけません。

2　問題用紙は表紙を入れて 12 ページあります。これとは別に解答用紙が１枚あります。

3　「始め」の合図があったら，解答用紙の志望学科・コースの所定の欄に○印をし，受験番号を記入しなさい。

4　答えは，**すべて解答用紙の枠内に記入しなさい。**

5　「やめ」の合図があったら，すぐに筆記用具を置きなさい。

2023(R5) 鹿児島高
K 教英出版

1

次の文章を読んで、あとの１～７の問いに答えなさい。

自立していく上で大切なこととして、甘えの克服がある。

もっとも日本の社会においては、甘えが人間関係の基本になっているので、甘えを完全に克服するのは不可能だし、そうする必要もない。良好かつ健全な人間関係を築く上においても、甘えが果たす役割は小さくない。

親や友だちに対して、「なんでわかってくれないの?」「わかってくれたっていいじゃないか」と思い、イライラすることはないだろうか。そこには「当然わかってくれるだろう」「きっとわかってもらえるはず」といった期待がある。

甘え理論を<u>テイショウ</u>(ア)した精神分析学者の土居健郎は、甘えの心理的原型は乳児期に求められ、「甘えの心理は、人間存在に本来つきものの分離の事実を否定し、分離の痛みを止揚(注)しようとすることであると定義することができる。」（土居健郎『「甘え」の構造』弘文堂）という。

[A]、親子といえどもけっして一心同体ではなく、切り離された別々の個体だという厳然とした事実を受け入れがたく、【　　】の幻想にすがろうとする心理が、甘えの基礎になっているというわけだ。

いわば甘えというのは、個と個が分離しているという冷たい現実を受け入れたくないという思いから心理的一体感を求めることである。

心理的に一体なのだから、「わざわざ口に出して言わなくても、きっとわかってくれるはず」といった思いが心の片隅にある。それが甘えの心理ということになる。

自己主張を軸に対人関係を結ぶ欧米人と違って、僕たち日本人は相手の期待に<u>応え</u>(イ)たい、相手の期待を裏切りたくないという思いを軸に対人関係を結ぶ。それと同時に、相手もこちらの期待を裏切らないはずといった期待がある。その意味では、日本社会においては<u>甘えの心理が人と人を取り結ぶ</u>①と言ってよいだろう。

[B]、そうした期待が空振りに終わると、「裏切られた思い」に駆られ、落胆すると同時に、攻撃的な気持ちが沸いてくる。

土居によれば、甘えたい気持ちがそのままに受け入れられないとき、「すねる」「ひがむ」「ひねくれる」「恨む」といった心理が生じ、そこに被害者意識が含まれる。

素直に甘えさせてくれないから「すねる」わけだが、すねながら甘えているとも言える。その結果として、「ふてくされる」「やけくそになる」というようなことになる。

自分が不当な扱いを受けたと<u>キョッカイ</u>(ウ)するとき「ひがむ」わけだが、それは自分の甘えの当てが外れたことによる。

甘えないで相手に背を向けるのが「ひねくれる」だが、それは自分の甘えの期待に応えてくれなかったと感じることによる。

甘えが拒絶されたということで相手に敵意を向けるのが「恨む」である。

このように甘えが思うように通じないとき、すねたりひがんだり恨んだりするわけだが、そこには被害感情がある。

お互いに依存し合い、甘えを介してつながっている日本人の人間関係では、甘えが阻止されたときに、欲求不満による攻撃性が生じる。甘えが拒絶されたことによって生じる怒り反応。それが甘え型の攻撃性である。

そこには、甘えと一見正反対の恨みが生じたりするが、じつはそれらは②同じ根っこから生じているのである。

「わざわざ言わなくてもきっとわかってくれる」「こっちのことを気にかけてくれているはず」と期待しているのに、そうした期待が裏切られ、甘えの欲求が阻止されたときに、欲求不満による攻撃性が生じるのである。

「なんで汲(く)み取ってくれないんだ」「わかってくれたっていいじゃない」「わざわざ言わないとわからないなんて冷たすぎる」といった反応が、甘え型の攻撃性の発露(注)ということになる。

こうした心理は、日本社会で自己形成してきた人ならだれもがもっているものだが、③それが強すぎると、関係が深まりかけたところで欲求不満が募(エ)り、甘え型攻撃性が猛威を振るい、せっかくの関係の進展を阻害することになりかねない。

わかってほしいという気持ちはだれもがもつものだし、親しい相手に対して、わかってくれるはずといった期待を抱くのも自然なことだ。しかし、相手が心の中で何を思っているか、何を感じているかなど、なかなかわかるものでもない。ゆえに、相手としては、甘え型攻撃性ですねたりふてくされたりされてもどうタイショ(オ)したらよいかわからず、それが度を超すとめんどうくさくなり、「わけわからない」「勝手にイライラするなよ」と攻撃的な気持ちが沸いてきて、お互いにイライラしてしまう。

「わかってほしい」「わかってくれるはず」といった期待が強いほど、そうした期待が裏切られがちな現実に傷つき、さみしさに押し潰されそうになる。

結局のところ、他の人の心の中を、相手が期待しているほどに汲み取るのは不可能なのである。ゆえに、親密な絆を築いていくには、④人間存在の個別性を念頭において、強すぎる甘えを克服することが必要となる。

(榎本博明『「さみしさ」の力』ちくまプリマー新書による)

(注) 止揚 ＝ 否定を通じてより高い次元へと導くこと。ここでは、やわらげるという意味。
発露 ＝ あらわして隠さないこと。

1 ━━線部ア～オのカタカナは漢字に、漢字はひらがなに直せ。

2 本文中の[A]・[B]に入る適当な語を次から選び、それぞれ記号で答えよ。

ア では　イ だが　ウ それとも
エ たとえば　オ つまり　カ そして

3 【　】に入る適当な語を本文中から三字で抜き出して答えよ。

4 ――線部①「甘えの心理が人と人を取り結ぶ」とあるが、これはどういうことか。次の文の（ i ）・（ ii ）を補って答えよ。ただし（ i ）は四字で、（ ii ）は二十字以内で、それぞれ本文中から抜き出せ。（句読点は含む。）

日本社会における（ i ）は、（　ii　）結ばれているということ。

5 ――線部②「同じ根っこから生じている」といえるのはなぜか。最も適当なものを次から選び、記号で答えよ。

ア 「すねる」「ひがむ」「ひねくれる」「恨む」といった心理は、人間の本能から生じているから。
イ 「甘え」も「恨み」といった心理も、他者との相互理解を期待する気持ちから生じているから。
ウ 「すねる」「ひがむ」「ひねくれる」「恨む」といった心理は、被害者意識から生じているから。
エ 「甘え」や「恨み」といった心理は、共に心理的な自立を求める気持ちから生じているから。

6 ――線部③「それ」の内容を簡潔に述べている部分を、――線部③以降の本文中から二十五字前後で抜き出して答えよ。

7 ――線部④「人間存在の個別性を念頭において」とあるが、「人間存在の個別性を念頭におく」とはどういうことか。本文中の言葉を使って、三十五字以内で説明せよ。

2 次の文章を読んで、あとの１～７の問いに答えなさい。

> 中学生の梓は、幼なじみの美月と同じクラスである。梓は、クラスで孤立し欠席がちな那由多と、コンビニ「テンダネス」で一緒に甘いものを食べ、親しく話すようになるが、それを美月とそのグループに見られ、責められる。

学校に行くと、あからさまな無視が始まった。それに加え、那由多がされていたように遠巻きに悪口をぶつけられた。前日まで一緒に行動していた子たちが手のひらを返したように、嘲るような笑みを向けてくる。「前からムカついてたんだよね」と加奈子が大声で言い、美月はそれを止めずに見ている。あまりの変化にショックを受けたけれど、覚悟もできていた。那由多はずっと、これを経験していたのだ。しかも、余命僅かな父親を看護するという辛さを抱えながら。

わたしがどうして、[ア]ヨワネを吐けるだろう。[①]孤立した教室で、梓は俯くことなく前を向いた。那由多のことを思うと心はだんだんと凪いでくる。そして、梓はずっと悩まされていた腹痛がなくなっていることに気づいた。きっともう、痛むことはない。わたしは、大丈夫だ。

那由多の状況が分からないまま、夏休みに突入した。学校には行かなくていいけれど、塾で美月たちに会うので状況は変わらない。(注)美智代は美月から『梓から一方的に友達を辞めると言われた』と聞かされたらしく、機嫌が悪い。美月、泣いてたよ。ずっと梓のこと大事にしてきたのに裏切られたって。しかも、美月の目を盗んで間食してたんだってね。あんたどうしてそんな酷いことができるの。

美智代にはどう説明したらいいのか分からないから何も言えなくて、だから家でも[イ]イゴコチが悪い。それでも梓は毎日をきちんと過ごしていた。

火曜日だけでなく他の曜日もテンダネスに顔を出してみたけれど、那由多には会えない。髭の男――ツギと名乗った――や赤じいには何度か会い、挨拶を交わすまでの仲になった。しかしふたりとも、那由多の近況は知らないようだった。

那由多はどうしてるんだろう。大丈夫だろうか。

那由多の状況が分かったのは、八月の登校日のことだった。

「田口は、ご家庭の事情で転校した」

夏休みの隙間にある浮島のような教室はふわふわしていて、そこかしこではしゃいだ声がしていた。しかし、担任の布川の言葉で重さを取り戻したように静まりかえった。

「病気のお父さんの看護をずっと頑張っていて、そのお父さんが先月お亡くなりになってな。お母さんのご実家のある長崎へ、引っ越して行ったんだ」

布川は小学生の娘がいる父親だ。特別感じることがあるのか、目のふちを赤くして続ける。

「後悔したくないから全力でお父さんの病気と向き合いたいということで、お母さんとふたりでずっと頑張っていた。俺はクラスのみんなにそのことを言って理解してもらおうと彼女に言ったんだが、同情されると弱くなってしまうから、と」

髪を切ったのは看護の邪魔だったから。頑なに体操服を着ていたのは、いつでも体を動かせるように。布川はこれまで黙っていたことを静かに語り、その途中で何度も自身の顔をぬぐった。生徒たちは黙って俯く。梓の前方の席の加奈子だけが、離れた席の美月を窺うようにそわそわしている。

梓は教室の中にいる自分を遠くに感じながら、泣き出しそうになるのをぐっと堪えていた。もう会えないだろう那由多に向かって思う。ごめんね。辛さを増やすばかりで助けてあげられなくてごめん。会って、直接謝りたいよ。それすらできないことが、寂しいよ。

「知ってたの?」

放課後、帰ろうとした梓を、呼び止めたのは美月たちだった。集団で梓を囲む顔は厳しく、息苦しさを覚える。

「何の用?」

「だからさあ、田口さんのこと知ってたのって訊いてるの。知ってたんなら、それを教えてくれてもよかったんじゃない?」

美月ではなく、加奈子が不満げに言う。あたしたちが悪者になってるっぽいんだけど、どうもナットクいかないんだよね。田口さんのことは可哀相だと思うけど、そんなの事情を言われなきゃ分かんないし、言わずに察しろっていうのも乱暴じゃん?

梓は加奈子を無視して、加奈子の横に立つ美月に顔を向けた。美月は何も言わずに睨みつけてきて、その視線を受け止める。

「美月、ずっと仲良くしてくれてありがとう。美月のお蔭で楽しいこといっぱいあった。でも、こういうことをする美月は嫌だった。美月が許せなくても、そのひとにとっては譲れないものだったりするの。理解とやさしさを持ってほ…」

最後まで口にする前に、梓は美月に頬をぶたれた。大きな音がして、加奈子がにやりと片方のコウカクを持ち上げるのが見えた。梓はそれでも、美月を見た。

「そうやって、気に食わないことがあるとすぐに怒るクセも直したほうがいいよ。もっと大きな怒りとか暴力でやり返される日が来ると思う」

もう一度手を振ろうとした美月が、すんでのところで止めた。顔を歪めて、ゆっくりと手を降ろすのを、梓は見つめる。

「じゃあね、美月」

美月と加奈子の間を抜けて梓が去ろうとすると、加奈子に肩を掴まれた。

「待ちなよ。まだ話終わってないんだけど」

「わたしを悪者にすることであんたたちの罪悪感がきれいさっぱり消えるって言うのなら、好きにしなよ」

加奈子の手を払い、今度こそ、その場を離れた。歩きながら、「大丈夫、大丈夫」と小さく自分に言い聞かせる。心臓はコドウを早め、足はみっともなく震えている。気を緩めるとその場にへたりこんでしまいそうだった。本当は、泣き出しそうなほど怖かった。

「やれば、できるじゃん」

自分に言って、笑う。那由多もこんな風にひとつひとつ乗り越えたのだろうか。そうであるならば、わたしだってきっと、頑張れる。

校舎を出て、空を仰ぐ。綿あめみたいな入道雲が、ソーダ色の空にふわふわと浮いていた。空を舞う鳥が、まるで綿あめを啄(ついば)んでいるようだ。

「テンダネスのソーダパフェ、食べたいなあ」

晴れ晴れとした気分で、梓は言った。

(町田そのこ『コンビニ兄弟 テンダネス門司港こがね村店』新潮文庫刊による)

(注) 美智代 = 梓の母。

1 ═══線部ア〜オで使われているのと同じ漢字を含む語を、それぞれ──線部のカタカナから選び、**漢字**で答えよ。

ア 彼はコンジョウがある。　ジャクネン層。
　彼とはオンシン不通だ。　カチ観の違い。
イ 洋服キジを選ぶ。　ゼンリョウな市民。
　ゴゴの授業。　コクミンの権利。
ウ 地域のトクショク。　ドウトクの時間。
　ノウリに浮かぶ。　商品をノウニュウする。
エ ダイク仕事。　やさしいクチョウで話す。
　彼はジンカク者だ。　内部でカクサクする。
オ 小説のドウニュウ部。　電気をドウリョクにする。
　コキョウをなつかしむ。　ブンコ本。

2 ──線部①「心はだんだんと凪いでくる」とはどういうことか。最も適当なものを次から選び、記号で答えよ。

ア 気持ちがだんだん沈んでくる。
イ 気持ちがだんだん熱くなってくる。
ウ 気持ちがだんだん落ち着いてくる。
エ 気持ちがだんだん明るくなってくる。

3　――線部②について、担任の先生が「何度も自身の顔をぬぐった」のはなぜか。理由として最も適当なものを次から選び、記号で答えよ。

ア　夏休みの登校日という暑さに加え、今まで隠しておいてほしいと頼まれていた那由多の個人情報を、クラス全体に公表してしまう緊張感のため、汗を流しているから。

イ　夏休みの登校日という暑さに加え、那由多の事情を公表することで、これからクラスで起きるであろう人間関係のトラブルを予想し、心配して汗を流しているから。

ウ　那由多が、看護をがんばったのに父親を失い、転校していかなければならないことに対して、担任の教師として何もしてやれない無力感に、涙をこらえられなかったから。

エ　那由多が、看護をがんばったのに父親を失い、転校していかなければならないことに対して、娘を持つ父親としてその心情に共鳴し、涙をこらえられなかったから。

4　――線部③「あたしたちが悪者になってるっぽい」という発言は加奈子のどんな気持ちの表れか。最も適当なものを次から選び、記号で答えよ。

ア　那由多をあわれむべきだと思う気持ち。

イ　那由多をやっと理解できたという気持ち。

ウ　那由多に後ろめたいという気持ち。

エ　那由多に改めて怒りをおぼえる気持ち。

5　――線部④「すんでのところで」の意味を答えよ。

6　――線部⑤「わたしを悪者にする」とはどう思うことか。五十字以内で説明せよ。

7　――線部⑥「やれば、できるじゃん」に**あてはまらない**ものを次から選び、記号で答えよ。

ア　美月に自分の考えを言うこと。

イ　那由多に心の中で謝ること。

ウ　加奈子を相手にしないこと。

エ　恐怖心に負けないこと。

3 次の文章を読んで、あとの1～10の問いに答えなさい。

明治のはじめ、日本は固有の文化はすべて価値なしと考えた。わけのわからない人間だけでなく、国中が外国のもの、舶来のものはすぐれている。在来のものはガラクタであると、①知識人も一般も思いこんだ。

そんなとき、フランスへ陶器を輸出することになった。陶器をそのままでは破損するおそれがあるので、詰めものを入れた。適当なものがないア ので、古い浮世絵を丸めて入れた。浮世絵は紙くず同然、タダみたいだったらしいから、陶器を送るときの詰めものにすれば、②もってこいである、と考えたのであろう。

買い入れたフランス側がおどろいた。陶器ではなく、詰めものにされている浮世絵である。

ヨーロッパの人が③まったく知らない美の世界である。【　　】、すばらしい。荷物そっちのけで、詰めものに用いられた浮世絵が評判になったという。浮世絵の注文もあったにちがいない。

フランスの印象派④は、写楽(注)をはじめ日本の浮世絵によって生まれた新風だとされているが、きっかけは、こういう⑤偶然であったのである。

日本では見る人もなく、捨てるには、上紙がもったいないイ というので、くず紙扱いをされていたものが、まったく違った文化の人からすると、美の⑥典型のようになったというのは、おもしろい。

鎖国を解いて、外国に学ぼうとした明治の日本にとって、浮世絵は古い文化である。おもしろくもなければ、美しくもない。そのように思われたのは是非もないウ。焼きすてられなかっただけ幸運であった。

まったく別世界にいる人たちは、そういう偏見から自由である。偏見は見えているものを⑦見えなくするが、局外者は花は花・紅に見えるのである。本場で認めないエ ものを見つける。りっぱな⑧発見である、としてよい。

（外山滋比古『消えるコトバ・消えないコトバ』ＰＨＰ研究所による）

（注）写楽＝江戸時代の浮世絵師。

1 ――線部ア～エ「ない」の文法的な意味が同じであるものをすべて選び、記号で答えよ。

2 ――線部①「知識人」の熟語の構成として同じものを次から一つ選び、記号で答えよ。

ア 市町村　イ 魅力的　ウ 戦力外　エ 再出発

3 ――線部②「もってこい」の正しい意味を次から一つ選び、記号で答えよ。

ア もっとも適している。

イ 送る相手に喜ばれる。

ウ 持ち運ぶことができる。

エ 相手をひどく怒らせる。

4 ――線部③「まったく」について、副詞の種類を次から一つ選び、記号で答えよ。

ア 状態　イ 程度　ウ 呼応　エ 反語

5 本文中の【　】に入る最も適当な語を次から選び、記号で答えよ。

ア つまり　イ やはり　ウ あるいは　エ しかも

6 次のア～エの漢字は行書体で書いたものである。楷書で書いたときに――線部④「派」と総画数が同じになるものを次から一つ選び、記号で答えよ。

ア 承　イ 祖　ウ 板　エ 間

7 ――線部⑤「偶然」の対義語を漢字で答えよ。

8 ――線部⑥「典」の太線部は何画目に書くか。漢数字で答えよ。

典

9 ――線部⑦「見えなくするが」の文節の関係として最も適当なものを次から選び、記号で答えよ。

ア 主語・述語の関係

イ 修飾・被修飾の関係

ウ 並立の関係

エ 補助の関係

10 ――線部⑧「発」の部首名をひらがなで答えよ。

4 次の文章を読んで、あとの１～８の問いに答えなさい。

「今はむかし、ある大名きはめて良き名馬をもとめて、『我が一大事の先途(せんど)見る（頼りになるのは）べき物はこの馬なり』とて①秘蔵せられ（大切になされ）、馬の飼料(かひれう)とて、米・豆潤沢(じゅんたく)（たっぷりと）にあてがはれしに、馬飼(むまかひ)の者、それを皆耗(へ)ぎて（奪い取って）おのれが徳とし、馬にはわづかに草の糜(かゆ)（粥を）ともしきほどに与へて飼ひ置きぬ。②案のごとく天下乱れて戦(いくさ)に及ぶ。『馬を秘蔵せしはこのたびの事なり』とて、かの大名くだんの（例の）馬にめされしに（お乗りになると）、③馬の漢(かん)（力）もことのほかに鈍く、沛艾(はね)（跳ね躍る様子）をどる勢もなし。大名大(おほ)いに怒(いか)りて、『かかる用にも立たぬ馬とは思ひもよらず、いたはりて（大事に）飼はせけることよ』とて、鞭(むち)にてさんざんに打ちければ、この【　　】、人のごとく物いうて、『いかに殿もよく聞き給へ。馬飼さらに食(じき)を惜しみて、腹に飽くほど与へたる事なし。さるままに（だから）力も弱く、こころも勇まず、道も行かれず』とつげ侍(はべ)り」と、④古き人の語られし。

（『浮世物語』による）

1　〰〰線部「与へて飼ひ」を現代仮名遣いに直し、すべてひらがなで書け。

2　――線部①「秘蔵せられ」は、誰が何を「秘蔵せられ」たのか。それぞれ本文中から一語で抜き出して答えよ。

3　――線部②「案のごとく」の意味として、最も適当なものを次から選び記号で答えよ。

ア　予想どおり　　イ　予定どおり

ウ　計画どおり　　エ　作戦どおり

4　――線部③「馬の漢もことのほかに鈍く、沛艾をどる勢もなし」とあるがなぜか。この原因を、馬飼を主語にして、現代語で二十字以内で答えよ。

5　本文を二つの場面に分けるとすると、前半はどこで終わるか。終わりの三字を抜き出して答えよ。（句読点は含まない。）

6　【　　】に入る適当な語を本文中から漢字一字で抜き出して答えよ。

7　――線部④「古き人の語られし」とあるが、古き人は何を語りたかったのか。最も適当なものを次から選び、記号で答えよ。

ア　平凡なものは才能があっても、発揮の仕方が分からないと力が出ない。

イ　すぐれた結果を得るためには、才能のあるものの存在が必要である。

ウ　能力の不足するものには、いくら待遇をよくしてもよい結果は出ない。

エ　すぐれた才能を発揮するには、それにふさわしい待遇が必要である。

8　この『浮世物語』は、江戸時代の作品であるが、同じ時代のものを次から一つ選び、記号で答えよ。

ア　平家物語　　イ　徒然草

ウ　おくのほそ道　　エ　古今和歌集

令和５年度

学校法人 津曲学園 **鹿児島高等学校入学試験問題**

第２時限

数　　　学

（50分）

（注　　意）

1　「始め」の合図があるまで，開いてはいけません。

2　問題用紙は表紙を入れて９ページあります。これとは別に解答用紙が１枚あります。

3　「始め」の合図があったら，解答用紙の志望学科・コースの所定の欄に○印をし，受験番号を記入しなさい。

4　答えは，**すべて解答用紙の枠内に記入しなさい。**

5　「やめ」の合図があったら，すぐに筆記用具を置きなさい。

1 次の各問いに答えなさい。

(1) $6 \times 4 - 18 \div 3$ を計算せよ。

(2) $\dfrac{3}{4} + \dfrac{1}{2} - \dfrac{3}{8}$ を計算せよ。

(3) $\dfrac{6}{\sqrt{3}} + \sqrt{27} - \sqrt{48}$ を計算せよ。

(4) $(ab^2)^3 \times a^2b \div (ab)^2$ を計算せよ。

(5) $4x^2 - 9y^2$ を因数分解せよ。

(6) 連立方程式 $\begin{cases} 3x - 2y = 8 \\ 2x + 3y = 1 \end{cases}$ を解け。

(7) 右の正十二角形において，$\angle x$ の大きさを求めよ。

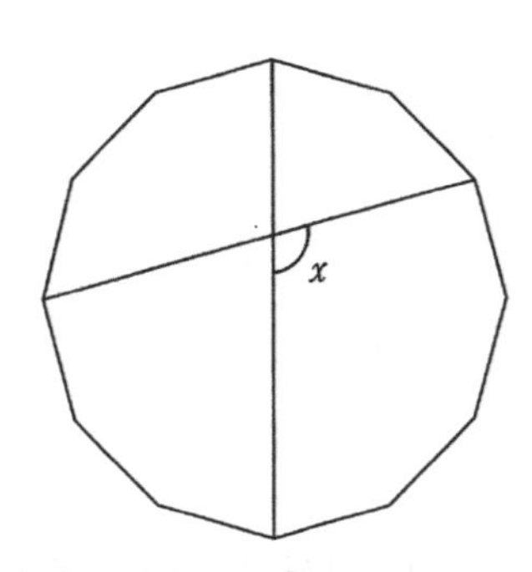

(8) y は x に反比例し，$x = 2$ のとき $y = 6$ である。このとき，y を x の式で表せ。

(9) 大小２個のさいころを投げたとき，目の数の和が素数となる確率を求めよ。

(10) 原価 x 円の商品を 150 個仕入れた。原価の 30％増しの値段をつけて販売したところ 60 個しか売れなかった。そこで，残りの 90 個は原価の 25％増しの値段に変えて販売したところ完売した。全体の利益が 4860 円となるとき，x の値を求めよ。ただし，収入の合計から仕入れ値の合計をひいたものを全体の利益とし，消費税は考えないものとする。

(計　算　欄)

2 次の各問いに答えなさい。

(1) 右の図は，底面の半径が4cm，母線の長さが12cmの円すいである。
この円すいについて，次の各問いに答えよ。ただし，円周率をπとする。

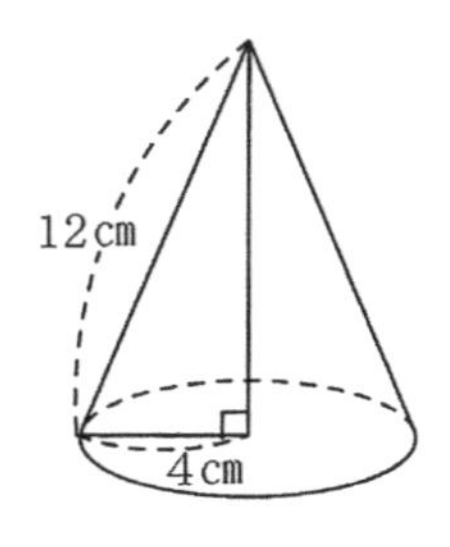

① 体積を求めよ。

② 表面積を求めよ。

(2) 次の【操作】をくり返して，ビルの各階の東西南北に自然数が書かれたカードを1から小さい順に置いていく。ただし，カード[1]は1階の北に置く。

【操作】

Ⅰ．同じ階の北→東→南→西に自然数の書かれたカードを小さい順に1枚ずつ置いていく。 Ⅱ．西までカードを置いた後，そのまま西から1階上にあがり，その階の西→南→東→北に，つづきのカードを小さい順に1枚ずつ置いて，北から1階上にあがる。

右の図は，3階の途中までカードを置いたものである。
このとき，次の各問いに答えよ。

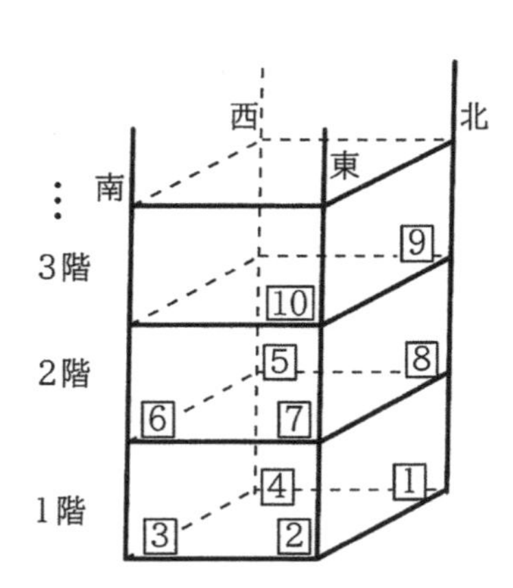

① カード[20]は何階の東西南北のどの位置にあるかを答えよ。

② 55階の北の位置に置いたカードの数字を答えよ。

(3) 次の図のように，ある島を1周する道路がある。この道路を太郎さんと花子さんが，お互いに逆向きにそれぞれある一定の速さで進み1周する。午前8時に太郎さんは地点Aから時計回りに，花子さんは地点Bから反時計回りに出発し，午前8時20分に2人はすれちがった。花子さんは午前8時56分に地点Aを通過し，午前9時21分に島を1周して地点Bに到着した。このとき，次の各問いに答えよ。

① 花子さんの進む速さを分速xmとするとき，
島1周の長さは何mか。xを用いて表せ。

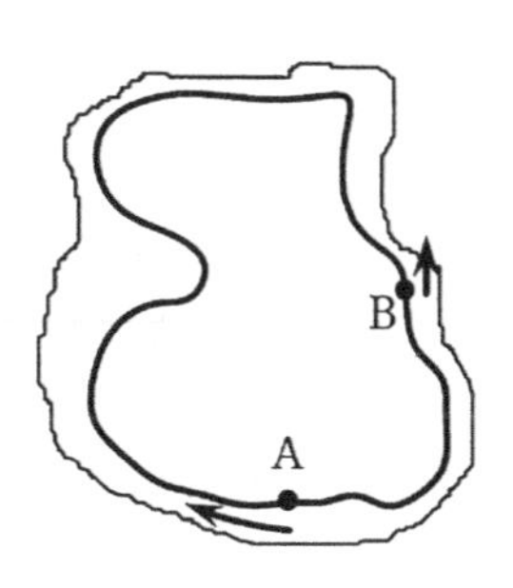

② 太郎さんが島を1周して地点Aに到着したのは，午前何時何分か求めよ。

(4) 下の図のような四角形ABCDがある。点Pは辺AD上にあり，辺ABと辺DCまでの距離が等しい点である。このような点Pを定規とコンパスを用いて作図せよ。ただし，作図に用いた線は残しておくこと。

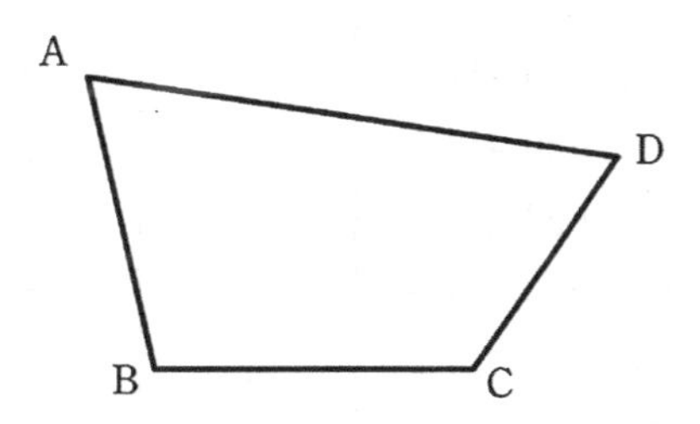

3 30 人のクラスで数学の試験を 3 回行った。次の各問いに答えなさい。

下の図 A，B は 3 回の試験からある 2 回を選び，得点の分布のようすを箱ひげ図に表したものである。

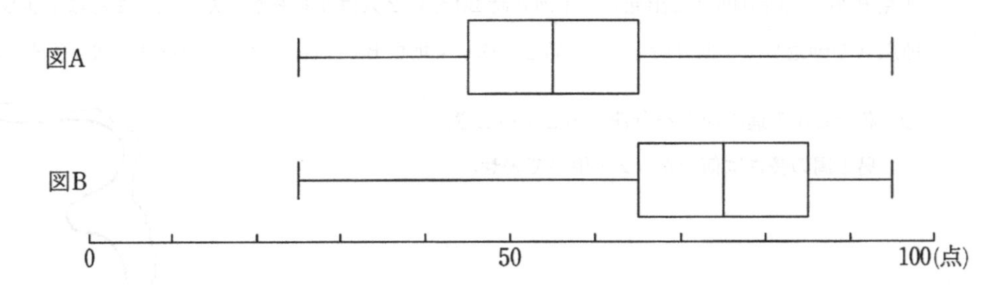

(1) A と B の箱ひげ図をみて生徒から下記の①～③の意見が出た。

次のア～クのうちから最も適当なものを一つ選び記号で答えよ。

① A の中央値と B の中央値は 30 点以上離れている。
② クラスの 15 人以上が，A では 41 点以上 70 点以下の点数をとっている。
③ 81 点以上の点数をとった生徒は A より B の方が少ない。

ア ①のみ正しい　　**イ** ②のみ正しい　　**ウ** ③のみ正しい

エ ①と②のみ正しい　　**オ** ①と③のみ正しい　　**カ** ②と③のみ正しい

キ すべて正しい　　**ク** すべて誤りである

3 回の数学の試験の得点のデータが次のようになっていた。

階級(点)	度数(人) 1回目	度数(人) 2回目	度数(人) 3回目
0点以上10点以下	0	0	0
11点以上20点以下	0	0	0
21点以上30点以下	1	2	1
31点以上40点以下	6	1	1
41点以上50点以下	6	1	0
51点以上60点以下	5	4	2
61点以上70点以下	7	8	4
71点以上80点以下	2	10	8
81点以上90点以下	2	2	9
91点以上100点以下	1	2	5
計	30	30	30

(2) (1)の箱ひげ図A，Bはそれぞれ何回目の試験を表しているか，次の**ア**～**カ**のうちから最も適当なものを一つ選び記号で答えよ。

ア　A：1回目，B：2回目　　**イ**　A：1回目，B：3回目
ウ　A：2回目，B：1回目　　**エ**　A：2回目，B：3回目
オ　A：3回目，B：1回目　　**カ**　A：3回目，B：2回目

(3) 箱ひげ図A，Bに該当しない試験について考える。

（i）中央値が含まれる階級はどれか。次の**ア**～**オ**のうちから最も適当なものを一つ選び記号で答えよ。

ア　31点以上40点以下　　**イ**　41点以上50点以下
ウ　51点以上60点以下　　**エ**　61点以上70点以下
オ　71点以上80点以下

（ii）試験の得点が次のように間違っていた。

51点以上60点以下のうち2人が61点以上70点以下であった。
71点以上80点以下のうち2人が61点以上70点以下であった。

このとき，下記の①～③について，次の**ア**～**ク**のうちから最も適当なものを一つ選び記号で答えよ。

①　クラスの15人以上が，41点以上70点以下の点数をとっている。
②　中央値はBの中央値と30点以上離れている。
③　51点以上70点以下の点数をとった生徒はAの試験より多い。

ア　①のみ正しい　　**イ**　②のみ正しい　　**ウ**　③のみ正しい
エ　①と②のみ正しい　　**オ**　①と③のみ正しい　　**カ**　②と③のみ正しい
キ　すべて正しい　　**ク**　すべて誤りである

4 右の図のように，放物線$y=-x^2$上に２点A，Bがある。点Aのx座標は３，点Bの座標は$(1,\ -1)$であり，直線lは点Bを通り，x軸に平行である。また，直線lと放物線の交点のうち，点Bでないものを点Cとする。このとき，次の各問いに答えなさい。

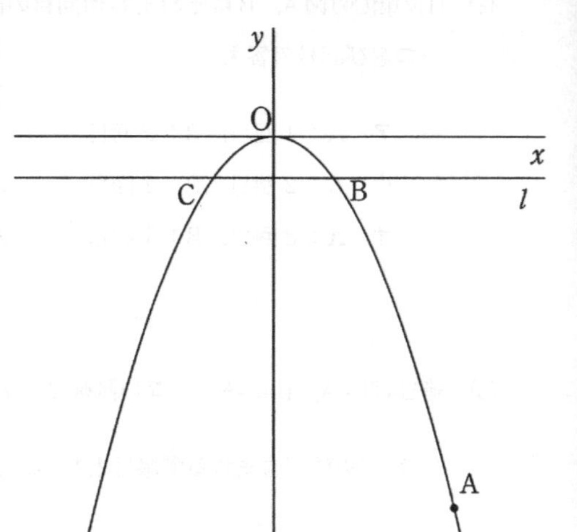

(1) 点Aのy座標を求めよ。

(2) ２点A，Cを通る直線の式を求めよ。

(3) 直線ACとx軸，y軸との交点をそれぞれ点D，Eとする。

（ア） 面積比△BDC：△BCE：△BEAを最も簡単な整数の比で表せ。

（イ） △BDCを直線ADを軸として１回転してできる立体の体積を求めよ。ただし，円周率をπとする。

2023(R5) 鹿児島高
教英出版

5 右の図１のように五角形 ABCDE を底面とし，高さが１の五角柱がある。AB＝4，BC＝5，CD＝6，DE＝8，EA＝9，∠AED＝∠BAE＝∠CDE＝90° とする。このとき，次の問いに答えなさい。

(1) 線分 IE の長さを求めよ。

図１

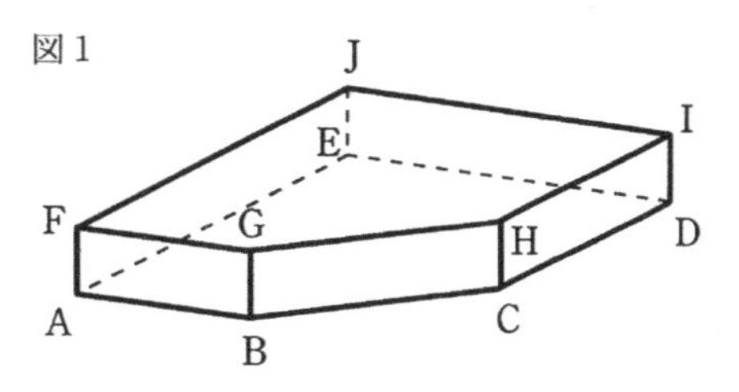

(2) 五角柱の体積を求めよ。

(3) ３点 C，I，E を結んでできる三角形の面積を求めよ。

(4) 線分 ED 上に EK＝1 となる点 K をとる。図２のように辺 GH 上に点 P を，辺 IJ 上に点 Q をとり，BP＋PQ＋QK が最小となるようにするとき，BP＋PQ＋QK の長さを求めよ。

図２

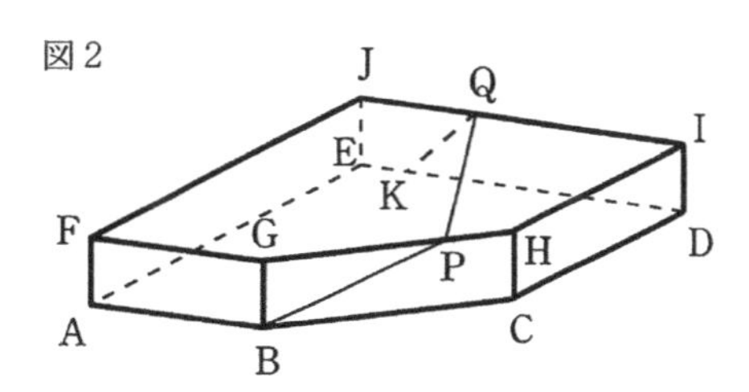

令和５年度

学校法人 津曲学園 鹿児島高等学校入学試験問題

第３時限

英　　語

（50分）

（注　意）

1　「始め」の合図があるまで，開いてはいけません。

2　問題用紙は表紙を入れて７ページあります。これとは別に解答用紙が１枚あります。

3　「始め」の合図があったら，解答用紙の志望学科・コースの所定の欄に○印をし，受験番号を記入しなさい。

4　答えは，**すべて解答用紙の枠内に記入しなさい。**

5　「やめ」の合図があったら，すぐに筆記用具を置きなさい。

1 次の各文の（　　）に入る最も適当なものを，それぞれア～エから１つ選び，その記号を書きなさい。

1　David（　　）to play the piano when he was five.

ア　like　　イ　likes　　ウ　liked　　エ　has liked

2　I have three cats, and I love（　　）all.

ア　they　　イ　their　　ウ　them　　エ　theirs

3　This flower is（　　）beautiful than that one.

ア　much　　イ　more　　ウ　most　　エ　best

4　His songs are（　　）all over the world.

ア　sing　　イ　sung　　ウ　sang　　エ　singing

5　I wanted to buy a new soccer ball,（　　）I decided to save money.

ア　for　　イ　because　　ウ　but　　エ　or

2 次の各組の対話で，（　　）内の語（句）を意味が通るように並べかえたとき，**２番目**と**４番目**にくる語（句）の記号をそれぞれ書きなさい。ただし，文頭にくる語（句）も小文字にしてあります。

1　A：(ア　day　イ　is　ウ　what　エ　today　オ　it)?
　B：It's Thursday.

2　A：(ア　this picture　イ　at　ウ　in　エ　look　オ　the man).　Do you know him?
　B：He's Otani Shohei, right?

3　A：Do you know anything about this city?
　B：Yes.（ア　it　イ　famous　ウ　hot springs　エ　is　オ　for).

4　A：Hi, Ken.（ア　the　イ　sent　ウ　you　エ　me　オ　picture) was beautiful!
　B：I'm glad to hear that.　Thanks!

5　A：Would (ア　to　イ　you　ウ　show　エ　like　オ　me) you the place?
　B：That would be helpful.

3 次の案内 (information) を読み，各問いに対する最も適当な答えを，それぞれア～エから１つ選び，その記号を答えなさい。

Let's play BROOMBALL At Home Ice Arena!

Cost: $ 30(1 hour)　　$ 35(1.5 hours)

Broomball is hockey with a broom and a ball. It's a safe and fun group activity played on an ice floor in normal shoes. Broomball can be played by 30 players at one time. Our Home Ice Arena will give you all the things you'll need to make your broomball event fun! Broomball is played on Saturday and Sunday.

Broomball Safety Rules:

- You MUST always wear a helmet. Our Home Ice Arena has helmets, but you can bring your own. Other safety items are recommended but not prepared at our Home Ice Arena.
- You can't slide when you are playing.
- You can't throw the broom at the ball or to the floor.
- You can't kick the ball, but you may use your foot to stop the ball.
- You can't catch and throw the ball or bring the broom up.
- You must keep the broom below the waist at all times.

For Payment:

You have to pay at Home Ice Arena when you make a reservation, and the money you paid for the reservation cannot be returned; change of your date is OK if you change it 14 days before your date. To change your date, you will have to pay $5.

1　What is the cheapest cost for renting the arena for four hours?
　ア　$90　　イ　$100　　ウ　$105　　エ　$120

2　When can you usually play broomball at the Ice Arena?
　ア　Everyday　　イ　Holidays　　ウ　Weekdays　　エ　Weekends

3　Which is true about the rules of broomball?
　ア　You can bring the broom up.
　イ　You can touch the ball with your foot.
　ウ　You can make the floor clean with your broom.
　エ　You can hit the ball over your head with your broom.

4　When do you need to pay for the arena?
　ア　On the scheduled date.　　イ　Two weeks before the date.
　ウ　When you reserve the arena.　　エ　During the broomball game.

5　Which is NOT true about the information?
　ア　The schedule can't be changed for free.
　イ　Players need to wear special shoes to play games.
　ウ　You don't have to bring your own helmet to the Ice Arena.
　エ　Changing your date is possible if it is two weeks before your date.

4 次の対話を読み，各問いに答えなさい。

*Nate the Great, a great *detective, was eating breakfast when the cellphone rang. RING RING.*

Nate : Hello, this is Nate the Great.
Emily : Hi, Nate. It's me, Emily. I need your help.
Nate : (①)
Emily : I painted a picture of my dog, Fang. It's important to me, but I can't find it.
Nate : When was the last time you saw it?
Emily : I put it outside to *dry, but it isn't there anymore. Can you help me?
Nate : Of course, but I haven't seen your picture yet. Can you show me it?
Emily : I thought you would say that, so I sent you my picture by e-mail. I painted my dog from the front.

Nate looked at the picture.

Nate : Well, there are two strange things about your picture. First, why is your dog's face square? Second, why does the dog have three ears? I think that dogs usually have two ears.
Emily : I am not good at painting dog faces. It is easy for me to paint like this. The middle is not an ear. It is a tail. I painted *the dog lying down, so you felt it's a little strange.
Nate : I got it. I'll go to your house after breakfast.

After finishing breakfast, he walked to Emily's house. When Nate arrived, Emily opened the door, and Fang, Emily's big dog, greeted him too. They went to her room.

Nate saw yellow curtains, a yellow bed, a yellow desk, and a yellow chair. The detective found one thing. His friend loved the color yellow. Still, he did not find the picture in the room, so Nate looked out at the garden through the window. He got an idea.

Nate : Hey Emily, does Fang often make holes?
Emily : Hmm. Well, yes, he does.
Nate : Does he put things in the holes in the ground?
Emily : Sometimes.
Nate : Then, ②<u>I think we should look outside.</u>
Emily : Do you think he put my picture in a hole in the ground? Fang wouldn't do that! Why would you say such a thing?
Nate : Don't be (③), Emily. We should still look.

The two went outside. They looked for the picture in the garden, but the picture wasn't there.

Emily : I told you he wouldn't do that. He is an important member of my family.
Nate : Alright, I believe you.
Emily : But if it wasn't Fang, where did my picture go?
Nate : I don't know. It's very strange. Do you have any ideas?
Emily : In fact, when my brother Oliver saw my picture, he said he liked my picture. He really wanted it. Maybe Oliver took it to his room.
Nate : Then, we should go back inside and look for your picture in his room.

The two went inside and entered Oliver's room. There were four paintings: a red car, a red tree, a red house, and an orange castle with three towers.

Nate : Emily, ④<u>I found (your / was / where / picture) as soon as I entered the room.</u>
Emily : What? Where?
Nate : Right here.
Emily : What do you mean? This is a castle, and it's orange. This isn't my picture, Nate.
Nate : I think the color is strange.
Emily : Why? Orange is great for a castle.

2023(R5) 鹿児島高

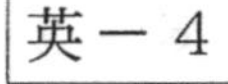

Nate　: But everything else is red.　Why would Oliver paint an orange castle?
Emily : Hmmm... I don't know.
Nate　: I think he used your picture to make it.　You see, Oliver changed your picture and painted with red.　When he used your picture, the paint was still wet, so the red and the yellow became orange.　See!　The ears and the tail became the three towers, the nose is the gate, and the face became the wall.
Emily : Oh!　I think you're right.　I am so angry at Oliver.　I'll have to make a new picture now. Well, I'm still happy we found it, so thank you for helping me, Nate.
Nate　: Don't worry about it.　I'm Nate the Great, a great detective.　I'm always happy to help.

Nate said goodbye to Emily and Fang, and then he walked back home for lunch.　Nate was proud of himself.

（注）detective : 探偵　　dry : 乾(かわ)かす　　the dog lying down : 伏(ふ)せている犬

問１　本文中の（　①　）に入る英語をア～エから選び，その記号を書け。

ア　Sorry, I'm busy now.　　イ　What's the problem?
ウ　Why don't you help me?　　エ　You did a great job.

問２　下線部②のような発言をした理由となるように，（　　）に７字以内の日本語を補充し，次の日本語を完成させよ。

Nate は，Fang が絵を（　　　　　　　　　　）と思ったから。

問３　本文中の（　③　）に入れるのに適切な Emily の感情を表す語を本文から抜き出し，英語１語で答えよ。

問４　下線部④の（　　）内の語を文脈に合うように，並べ替えよ。

問５　Nate が絵を見つけた時の推理となるように（　a　），（　b　）に入る最も適当な語を本文から抜き出し，それぞれ答えよ。

Emily painted a picture by using（　a　）, but Oliver changed the picture by using（　b　）.

問６　Emily が描いた絵が Oliver の部屋で見つかった時，どのような絵に変わっていたか。次のア～エの中から選び，その記号を書け。

問７　次の英文は，後日，Emily が Nate にあてたメールである。本文の内容に合うように，①～⑤の（　　）に入る最も適当な英語１語をそれぞれ書け。ただし，与えられた文字に続けて答えよ。

Hi Nate,
　Last week, you ①(h　　　) me find my picture.　I was sad that the painting was ②(t　　　) by Oliver.　I was sad to learn what happened, and I wanted to ③(t　　　) you that you are a good detective.　Also, I painted another picture yesterday, but Oliver painted over my picture with his favorite ④(c　　　) again!　I want you to see that.　Please come to my house soon.　Anyway, ⑤(t　　　) you again for your help.
See you soon,
Emily

5 次の英文を読み，各問いに答えなさい。

During my first year of high school, I was always 15 to 20 minutes late. In the past, my teacher, Mr. Kelly, was strict. "You're late again, Lucas! How many times have I told you *to be on time?" He always *yelled. [ア] I worked hard, so I thought it was not a big problem.

One day, I planned to visit a festival with my friends. We were going to meet at 8 o'clock. I really wanted to arrive at 8 o'clock. But it was going to rain, so I didn't know what to wear. Also, my mother needed my help. I didn't arrive until 8:15. When I arrived, I couldn't find my friends anywhere. So, I called my friend Hannah. She replied, "We'll arrive at (①). You're always late, so we told you to come 30 minutes earlier than us!" I was really *embarrassed. However, when Hannah and my other friend Alex arrived at the festival, we all laughed about it. [イ]

About a month later, my parents asked me to *pick up my little sister, Melissa, from soccer practice at the park next to my town. Melissa was only 6 years old, so she couldn't come home alone. And, my parents had to meet my grandmother on that day. I had school until 3:10. So, I planned to leave at 3:25 and arrive at the park at 4:40. That was twenty minutes before her practice ended.

I had to catch the 3:50 train because the next train left at 4:50. It took 15 minutes to get to the train station from school on foot, and I left on time. However, on my way to the station, I realized something. [ウ] I had to go back to school because I left a textbook at school. I thought I could be on time for the train. But I couldn't find the textbook quickly, and I missed the train.

So, I had to take the next train. After I got off the train, I ran to the park from the station near the park. When I arrived at the park, ②<u>Melissa (　　　　　　) there</u>. I left my smartphone, so I couldn't call my mother. I looked for Melissa around the park, but I couldn't find her. I was so worried. Because I wanted to call my mother, I decided to go home.

When I got home, my *parents' car was there. My parents and Melissa were at home. I was (③) to see them.

"Lucas! Why did you come so late?" My mother looked so angry.

"Your father and I visited your grandmother this morning. We were able to come back earlier, so we went to the park to pick up you and Melissa. I wanted to come back home together, but I couldn't see you then. So, just the three of us came home."

"I'm sorry, Mom. I missed the train. I tried to call you, but I left my smartphone at home." I replied.

She said, ④<u>"If (　　　　　　　　), I would leave earlier</u>. But you never do that, so you're always late. It makes trouble for other people. You should learn from your mistakes."

I thought she was strict at first. Later, however, I thought about it more deeply. Then, I decided to try it. My mother's advice was kind.

Now, as a university student, I always arrive on time. [エ] When I think about it, Mr. Kelly and my mother were kind to teach me that important thing.

Thank you, Mom and Mr. Kelly.

(注) to be on time：間に合うように　yell：大声をあげる　embarrassed：恥ずかしい
pick up：迎えに行く　parents'：両親の

2023(R5) 鹿児島高
教英出版

問1　本文中の（　①　）に入る時刻をア～エから選び，その記号を書け。

ア　7:30　　イ　8:15　　ウ　8:30　　エ　8:45

問2　Lucasが妹を迎えに行く前に書いたメモである。（　a　），（　b　）には適当な英語1語を，（　c　）には適当な時刻を入れよ。

MEMO		
	3:10	School ends
	3:25	Leave （　a　）
	3:40	Arrive at the station
	3:50	Get （　b　） the train
	（　c　）	Soccer practice is over
		After that, go back home together!

問3　文脈に合うように，下線部②の（　　）に2語入れ，英文を完成させよ。

問4　本文中の（　③　）に入る語をア～エから選び，その記号を書け。

ア　surprising　　イ　surprised　　ウ　boring　　エ　bored

問5　文脈に合うように，下線部④の（　　）に3語入れ，英文を完成させよ。

問6　次の英文は，本文中の ア ～ エ のどの場所に入れるのが適当か。1つ選び，その記号を書け。

Though it's not easy, I feel better than before.

問7　本文の内容に合うものをア～オから2つ選び，その記号を書け。

ア　Lucas was often late for school because he had to pick up Melissa.
イ　Lucas was asked to pick up Melissa from soccer practice.
ウ　Lucas went back home with his parents.
エ　Lucas is always late for classes at the university.
オ　Lucas changed because of his mother's advice.

令和５年度

学校法人
津曲学園 **鹿児島高等学校入学試験問題**

第４時限

社　　会

（50分）

（注　　意）

1　「始め」の合図があるまで，開いてはいけません。

2　問題用紙は表紙を入れて 11 ページあります。これとは別に解答用紙が 1 枚あります。

3　「始め」の合図があったら，解答用紙の志望学科・コースの所定の欄に○印をし，受験番号を記入しなさい。

4　答えは，**すべて解答用紙の枠内に記入しなさい。**

5　「やめ」の合図があったら，すぐに筆記用具を置きなさい。

1 次のⅠ～Ⅲの問いに答えなさい。答えを選ぶ問いについては一つ選び，その記号を書きなさい。

Ⅰ　次の略地図を見て，１～６の問いに答えよ。

1　略地図中のＸ川の名称を答えよ。

2　略地図中のＡ国～Ｅ国のうち，１か国だけ他の国と主要な言語の違う国がある。その国と主要な言語の組み合わせとして，最も適当なものはどれか。

	国	言語
ア	アルゼンチン	スペイン語
イ	アルゼンチン	ポルトガル語
ウ	ブラジル	スペイン語
エ	ブラジル	ポルトガル語

3　**資料１**は略地図中のＢ国でみられる高山の土地利用を示している。**資料１**中のａとｂにあてはまる農作物の正しい組み合わせとして，最も適当なものはどれか。また，この地域で放牧され，毛を刈り取り，衣服の原料に利用される**資料２**の家畜名を答えよ。

資料１

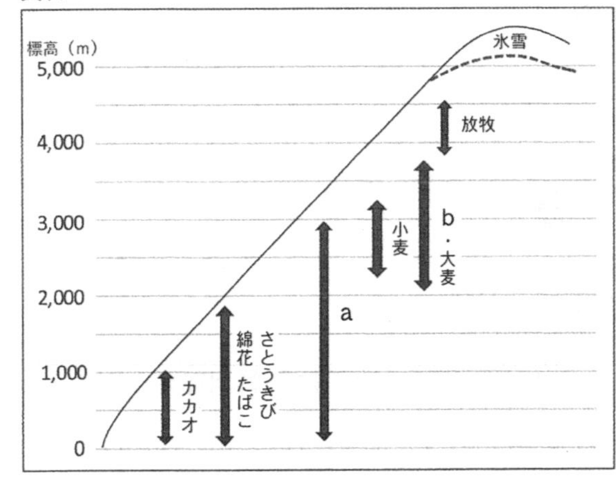

	a	b
ア	じゃがいも	とうもろこし
イ	じゃがいも	コーヒー
ウ	とうもろこし	じゃがいも
エ	とうもろこし	コーヒー
オ	コーヒー	とうもろこし
カ	コーヒー	じゃがいも

資料２

（『新編フォトグラフィア地理図説』東京法令出版より）

4　**資料**3は世界におけるある農産物の生産量であり，略地図中のA国とC国はその世界的な産地である。この農産物と［Y］にあてはまる国名の組み合わせとして，最も適当なものはどれか。

資料3

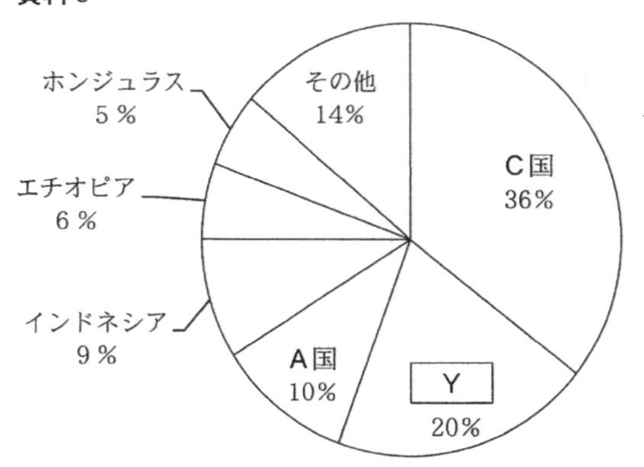

統計年次は2019年（『データブック　オブ・ザ・ワールド 2022』二宮書店より作成）

	農産物	Y
ア	コーヒー豆	ベトナム
イ	茶	ベトナム
ウ	コーヒー豆	ケニア
エ	茶	ケニア

5　略地図中のD国の特色について説明した文のうち，**誤っているもの**はどれか。

ア　銅鉱の産出量が世界1位であり，世界の総産出量の約3割を占める。

イ　D国の沖合にはプレートが沈み込む境界があるため，地震が多く発生する。

ウ　20世紀の初めから多くの日本人が移民として渡り，その子孫が日系人として様々な分野で活躍している。

エ　南部の海岸には氷河の侵食によって形成されたフィヨルドがみられる。

6　**資料**4は略地図中のC国とE国の輸出額と主な輸出品目である。E国にあたるのは**ア**，**イ**のどちらか答えよ。また，［Z］にあてはまる作物名を答えよ。

資料4

ア		イ	
総額　2,099億ドル		総額　549億ドル	
［Z］	13.7％	［Z］油かす	13.7％
鉄鉱石	12.3％	とうもろこし	11.0％
原油	9.4％	［Z］油	6.6％
肉類	8.1％	自動車	5.0％
機械類	5.5％	牛肉	4.9％

統計年次は2020年
（『データブック　オブ・ザ・ワールド 2022』 二宮書店より作成）

Ⅱ　次の略地図を見て，1～5の問いに答えよ。

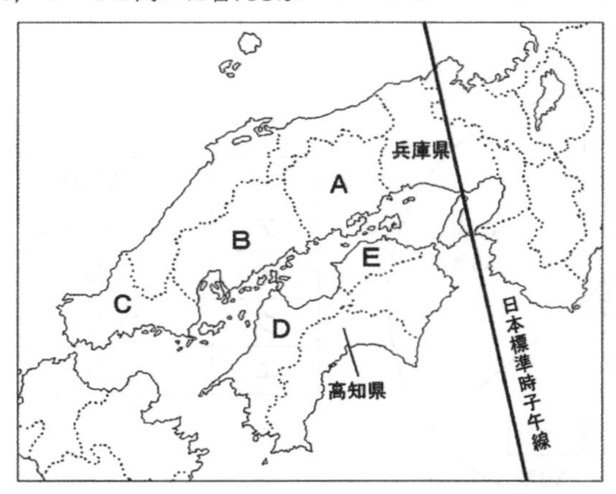

1　略地図中の**日本標準時子午線**は**兵庫県**を通る。日本を2月10日20時に出発した旅客機がロサンゼルス（西経120度）に2月10日12時30分に到着した。実際の飛行時間は何時間何分か。

2　次の文のうち，略地図中のA県について説明したものとして，最も適当なものはどれか。

ア　平地の少ないこの県では，山の斜面を切り開いた段々畑でのみかんの生産がさかんであり，生産量は全国2位である。

イ　夏の降水量が少ない気候を利用して，ぶどうやももの生産がさかんであり，マスカットや白桃の生産は全国1位である。

ウ　鉄鋼や造船，自動車関連の工場や企業が集積している。また複雑な海岸線に囲まれたおだやかな海域を利用して，かきの養殖がさかんである。

エ　カルスト地形がみられ，セメント工場が集積している。また瀬戸内海沿岸沿いでは石油化学コンビナートが発達している。

3　**資料1**は讃岐平野の一部を示した地形図である。この地形図がみられる県は略地図中のA～Eのうちどれか。

資料1

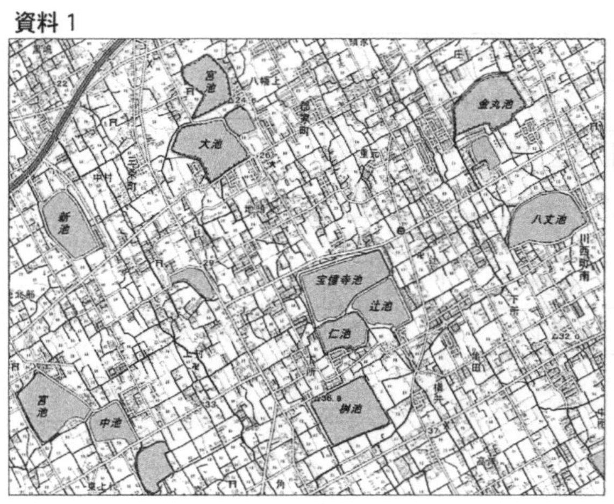

（国土地理院（電子国土web）より）

4　1980年代後半，本州と四国をつなぐ3つの橋が次々と完成し，交通網が整備された一方で，四国地方では人口減少や商業が落ち込むようすがみられた。このように都市間が交通網で結ばれた結果，人々が大都市へ吸い寄せられて移動する現象を何というか。

5　**高知県**では気候の特色を生かして，夏野菜であるピーマンの生産がさかんである。**資料2**は高知県と，日本有数のピーマンの産地である茨城県の東京都中央卸売市場への月ごとの出荷量と，ピーマンの入荷の平均価格を表したものである。このグラフから，高知県の出荷の特徴について説明せよ。ただし，説明には「**平均価格**」ということばを使い，高知県で行われている栽培の方法についても触れること。

資料2　東京都中央卸売市場に入荷される高知県と茨城県のピーマンの出荷量と平均価格

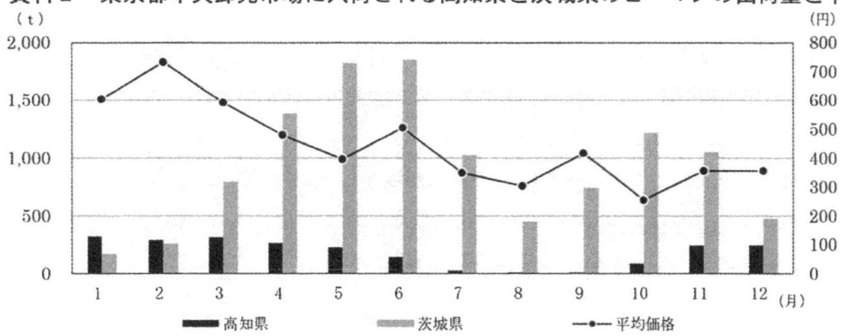

統計年次は2021年～2022年（東京都中央卸売市場ホームページ「市場統計情報」より作成）

Ⅲ　次の写真は広島市の衛星写真である。1，2の問いに答えよ。

（2008年　国土地理院（電子国土web）より作成）

1　写真のような地形の成り立ちについて，最も適当なものはどれか。

ア　海岸の沿岸流によって土砂が運ばれて形成された。

イ　河川の河口が浸水して形成された。

ウ　河川によって運搬された細かい土砂が堆積して形成された。

エ　海面が低下して，浅い海底が地表に現れて平野となった。

2　**資料1**は写真の地域が過去の台風の際に受けたある自然災害の被害地域を図示したものである。**資料2**はその自然災害を案内用図記号で表したものである。この地域が台風の際に受けた自然災害は何か。

資料2

資料1

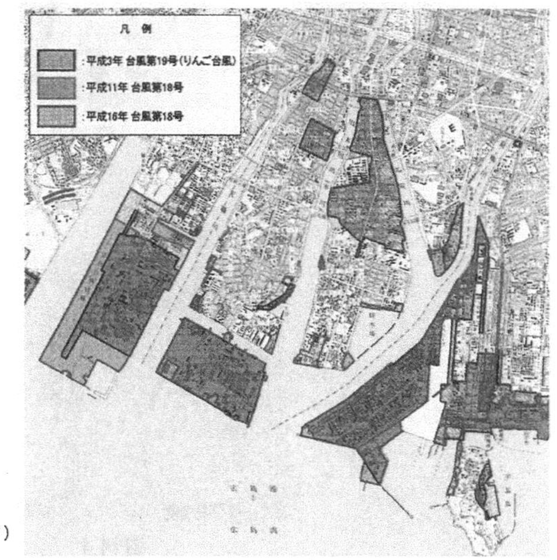

（広島市「わがまちハザードマップ」ホームページより）

2 次のⅠ・Ⅱの問いに答えなさい。答えを選ぶ問いについては一つ選び，その記号を書きなさい。

Ⅰ 次の衣服についての文章を読んで，1～6の問いに答えよ。

私たち日本人の多くは普段洋装を選ぶが，七五三や成人式，結婚式などのハレの日には和装を選ぶこともある。日本人の衣服にはどのような変化があったのだろうか。

『魏志』倭人伝によると，日本人は弥生時代には衣服を身につけていたようである（**資料1**）。その後，ⓐ古墳，飛鳥，奈良時代になると中国の服制にならって，衣服やその色で身分を区別するようになった（**資料2**）。着物の「右前の着衣」も奈良時代に定着したと言われている。

それらの衣服が発展して完成したのがⓑ平安時代の貴族が着用していた束帯（そくたい）や十二単（じゅうにひとえ）で，これらが現代の着物の原型である（**資料3**）。ⓒ鎌倉時代以降は平安時代よりも重ねる着物の枚数は減り，室町時代以降は着物の下着であった小袖（こそで）を着物として着用するようになった（**資料4**）。

ⓓ江戸時代の幕藩体制が終わり，明治維新による文明開化がおきたことで，衣服にも変化が見られた。男性皇族の対外的な服装や軍服から洋装が取り入れられ，1871年には郵便，翌年に鉄道業界の制服にも採用された。ⓔ1878年には「束帯（そくたい）などの和装は祭服とし，洋装を正装とする」という法律も出された。帰国した岩倉使節団の女子留学生たちも洋装で様々な場において活躍した（**資料5**）。

庶民にも洋装が浸透し始めたのは大正時代である。ⓕ1923年におきた関東大震災で着物を着用していた女性の被害が多かったことや，1924年頃から平塚らいてう，市川房枝らが婦人参政権獲得運動を行うなど女性の社会進出が進んだこともあり，衣服の洋装化が進んだ。

このように日本人の衣服も，歴史の中で変化してきた。衣服は，その時代の背景や出来事を映し出す鏡であると言えよう。

資料1

資料2

資料3

資料4

資料5

2023(R5) 鹿児島高
教英出版

1　下線部ⓐの出来事として，**誤っているもの**はどれか。

　ア　藤原頼通が平等院鳳凰堂を建立した。　　**イ**　蘇我氏が物部氏を滅ぼした。

　ウ　中大兄皇子が百済へ救援軍を送った。　　**エ**　聖徳太子が法隆寺を建立した。

2　下線部ⓑと同時期の世界の出来事に関する⑴，⑵の問いに答えよ。

⑴　10 世紀前半に新羅を滅ぼし，朝鮮半島を統一した王朝は何か。

⑵　ヨーロッパでローマ教皇の呼びかけにより結成された聖地エルサレム奪還のための組織は何か。

3　下線部ⓒに関して，⑴，⑵の問いに答えよ。

⑴　元寇がおきた時の鎌倉幕府の執権は誰か。

⑵　鎌倉幕府が困窮した御家人を救済しようとした**資料６**の法令を何というか。

資料６

> 領地の質入れや売買は，御家人の生活が苦しくなるもとなので，今後は禁止する。
> …御家人以外の武士や庶民が御家人から買った土地については，売買後の年数に関わりなく，返さなければならない。

4　下線部ⓓの頃におきた出来事である次の文を年代の**古い順**に並べ替えよ。

　ア　リンカン大統領が奴隷解放宣言を発表した。

　イ　ロシアの使節ラクスマンが蝦夷地の根室に来航した。

　ウ　フランス革命が始まった。

　エ　清とイギリスの間で，アヘン戦争がおこった。

5　下線部ⓔに暗殺された大久保利通に関する文として適当なものはどれか。

　ア　岩倉使節団の全権大使であった。　　**イ**　征韓論を唱え，朝鮮に自らおもむいた。

　ウ　殖産興業の政策を推進した。　　**エ**　西南戦争をおこした。

6　下線部ⓕの２年後に東京，大阪，名古屋から全国に普及し，新聞と並ぶ情報源となったものは何か。**資料７**を参考にして答えよ。

資料７

Ⅱ　次のココ・シャネルについての文章を読んで，１～５の問いについて答えよ。

1883 年，20 世紀最高のデザイナーの一人としてあげられるココ・シャネルはフランスに誕生した。幼い頃は修道院の施設で育ち，お針子の職業訓練を受けていた。その成果もあり，ⓐ27 歳のときに帽子店をフランスのパリに開店し，その後衣服のデザインも始めた。それまでの女性の衣服は，ウエストを絞ってコルセットをつけ，大量の布を使って大きく膨らませたスカートが特徴で，女性の体を締め付けるものであった（**資料１**）。しかし，彼女が 1914 年に発表したジャージー素材のドレスは，伸縮性がありウエストラインのないものであった。ⓑ第一次世界大戦中は女性が男性に代わって軍需工場で働いたり，トラックの運転手をしたりするなど，働きに出るようになった。それまでのドレスと異なり，一人で着ることのできるシャネルの衣服は，働く女性のための衣服としても流行した（**資料２**）。また，ジャージー素材はもともと男性用下着に使われる素材で安価であったため，戦後の生活資材不足も相まってさらに大流行したのである。

ⓒ第二次世界大戦のぼっ発を機にシャネルはファッション界から姿を消していた。そして，第二次世界大戦後のファッション界で流行したのは，ニュールックであった（**資料３**）。これは，シャネルが一番嫌った女性の体を締め付ける衣服であった。そしてシャネルは 1954 年，71 歳にしてファッション界へ戻ってきたのである。彼女がこの時発表したシャネルスーツはパリでは酷評されたもののアメリカでは大好評であった。ⓓケネディ大統領夫人がシャネルスーツを着用して公務にあたったこともあり，彼女の「女性らしさを残しつつ動きやすい」衣服が大ヒットしたのである（**資料４**）。

シャネルは，女性の社会的地位が低いことが当然の時代に，女性一人でファッションを通してゼロから社会的地位を得た人物である。「私は日曜日が嫌い。だって誰も働かないんだもの。」という言葉を残しているように，彼女は常に働く女性のことを考え働いてきた。そんな彼女は ⓔ1971 年１月 10 日の日曜日に亡くなったという。

資料１

資料２

資料３

資料４

1　下線部ⓐの２年後，孫文が臨時大総統となり，アジア初の共和国の建国が宣言された。その国名を答えよ。

2　下線部ⓑに関して，⑴，⑵の問いに答えよ。

⑴　1920 年に国際連盟が発足するが，その影響力は大きくなかった。次にその理由を説明した文章がある。［ X ］と［ Y ］に適することばを補い，これを完成させよ。ただし，［ X ］には国名を，［ Y ］には理由の背景を明らかにしながら **10 字以上 15 字以内**で答えること。

> 設立当初は敗戦国やロシアの加盟が認められていなかったことや，紛争解決の手段が限られていたこともあり，世界の平和と国際協調が実現できなかった。また，国際連盟設立を呼びかけた［ X ］が［ Y ］ことも大きな要因である。

(2) 第一次世界大戦によって日本経済は好況となり，**資料5**のような人物が登場するようになった。この好景気を何と呼んだか。

資料5

3 下線部ⓒにおけるドイツの動きを**表**にまとめた。(1)，(2)の問いに答えよ。

表

年	ドイツの動き
1938	オーストリア・チェコスロバキアの一部を併合
1939	ソ連と［ Z ］を締結 ポーランドへ侵攻
1940	デンマーク・ノルウェーへ侵攻 オランダ・ベルギーへ侵攻 フランスへ侵攻，パリ占領
1941	ソ連へ侵攻

(1) **表**中の［ Z ］に適当な語句を答えよ。

(2) ドイツの侵攻を受けたヨーロッパ各国では，武力による抵抗運動が行われた。この運動は何か。

4 下線部ⓓの在任中におきた出来事として，最も適当なものはどれか。

ア 朝鮮戦争　**イ** 湾岸戦争　**ウ** キューバ危機　**エ** 石油危機

5 下線部ⓔ以降におきた出来事である次の文を**古い順**に並べ替えたとき，**2番目**になるものはどれか。

ア 阪神・淡路大震災が発生した。
イ アメリカで同時多発テロが発生した。
ウ 沖縄返還協定により，沖縄が日本に復帰した。
エ マルタ会談が開催され，冷戦の終結が宣言された。

3 下の表は，授業で模擬全国知事会をおこない，各都道府県から出された意見や報告をまとめた一部である。これを見て，１～９の問いに答えなさい。答えを選ぶ問いについては一つ選び，その記号を書きなさい。

○○県 選挙権と ⓐ被選挙権の見直しを要望	★★県 ⓔ企業の誘致と ⓕ雇用の拡大
△△府 安定した ⓑ自主財源	◎◎県 身近な ⓖ法律教育
■■県 ⓒエシカル消費の推進	□□県 ⓗ流通の合理化
◇◇県 社会保障制度の充実と ⓓ少子高齢社会への対応	●●府 住民が中心となり ⓘ地方自治の活性

1　下線部ⓐに関して，現在の都道府県知事，市区町村長それぞれの被選挙権を得られる年齢の組み合わせとして，最も適当なものはどれか。

	都道府県知事（被選挙権年齢）	市区町村長（被選挙権年齢）
ア	25歳	18歳
イ	25歳	30歳
ウ	30歳	25歳
エ	30歳	30歳

2　下線部ⓑに関して，(1)，(2)の問いに答えよ。

(1)　地方公共団体の財政の歳入として，割合が最も大きいものはどれか。

ア　地方交付税　　**イ**　国庫支出金　　**ウ**　地方債　　**エ**　地方税

(2)　出身都道府県や応援したい地方自治体に個人で寄附を行い，税金の免除や返礼品を受けられる制度を何というか。

3　下線部ⓒに**該当しない**のはどれか。

ア　オンブズマン制度　　**イ**　地産地消　　**ウ**　被災地支援　　**エ**　食品ロスの削減

4　下線部ⓓに関して，次の文の［A］，［B］にあてはまる**数字**をそれぞれ答えよ。

> 日本は，少子高齢化への対応として，介護保険制度と後期高齢者医療制度を導入しています。介護保険制度では，［A］歳以上の加入が義務付けられています。また，後期高齢者医療制度は，［B］歳以上の高齢者が，他の世代とは別の医療保険に加入する制度です。

5　下線部ⓔに関する説明として，最も適当なものはどれか。

ア　会社法の改正により，新たに合同会社を設立することはできなくなった。
イ　農業や個人商店は，私企業に含まれない。
ウ　漁業協同組合や農業協同組合は，私企業の一種である。
エ　行政改革の一環として，国際協力機構（JICA）や造幣局は公企業から私企業となった。

2023(R5) 鹿児島高
教英出版

6　下線部ⓕの制度の一つであるワーク・シェアリングを「**就業者**」「**一人あたり**」ということばを使い，35 字以内で説明せよ。

7　下線部ⓖに関して，(1)～(3)の問いに答えよ。

(1)　司法制度改革の一つとして，誰もが身近な法律相談を受けられるよう全国に設けられたものは何か。

(2)　**資料 1** は日本，ドイツ，アメリカ，3 か国の人口 10 万人当たりの法曹人口比較である。［①］～［③］の中で**日本**にあてはまるものはどれか。

(3)　**資料 1** の［④］にあてはまることばを**漢字**で答えよ。

資料 1　法曹人口比較

	［①］(2017 年)	［②］(2016 年)	［③］(2017 年)
裁判官	10.0 人	25.1 人	3.1 人
［④］官	10.1 人	6.7 人	2.2 人
弁護士	385.4 人	200.6 人	31.7 人

(『裁判所データブック 2018 年』より)

8　下線部ⓗに関して，(1)，(2)の問いに答えよ。

(1)　商品の販売と同時に商品名，数量，金額などをバーコードで読み取り，その情報を多角的に分析して経営管理活動に役立てることができるシステムを何というか。

(2)　**資料 2** は商品を販売する小売業の売り上げ推移である。(　X　)～(　Z　) に該当する小売業名の組み合わせとして，最も適当なものはどれか。

資料 2　小売業の売り上げ推移

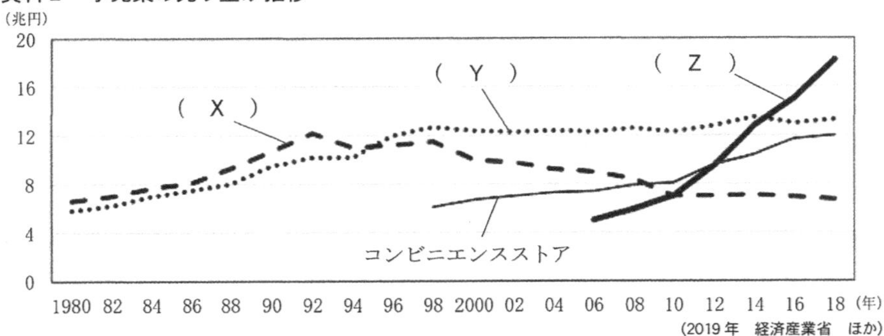

(2019 年　経済産業省　ほか)

	X	Y	Z
ア	百貨店	スーパーマーケット	オンラインショッピング
イ	百貨店	オンラインショッピング	スーパーマーケット
ウ	スーパーマーケット	百貨店	オンラインショッピング
エ	スーパーマーケット	オンラインショッピング	百貨店
オ	オンラインショッピング	百貨店	スーパーマーケット
カ	オンラインショッピング	スーパーマーケット	百貨店

9　下線部ⓘに関して，次の文の［　　］にあてはまることばを**漢字 2 字**で答えよ。

「地方自治は民主主義の最良の［　　］であり，その成功の最良の保証人である」
(イギリスの法学者・政治家　ジェームズ・ブライス)

K 教英出版

令和５年度

学校法人
津曲学園 **鹿児島高等学校入学試験問題**

第５時限

理　　　科

（50分）

（注　　意）

1 「始め」の合図があるまで，開いてはいけません。

2 問題用紙は表紙を入れて９ページあります。これとは別に解答用紙が１枚あります。

3 「始め」の合図があったら，解答用紙の志望学科・コースの所定の欄に○印をし，受験番号を記入しなさい。

4 答えは，**すべて解答用紙の枠内に記入しなさい。**

5 「やめ」の合図があったら，すぐに筆記用具を置きなさい。

1 次のⅠ・Ⅱについて，以下の問いに答えなさい。

Ⅰ　私たちはいろいろなものをある基準をもとに分類し，名前を付けて区別する。

生物の場合は，動物か植物かそれ以外か，植物ならコケ植物かシダ植物か種子植物か，さらに種子植物でも被子植物か裸子植物か，被子植物はさらに詳しく①単子葉類か双子葉類か，というように生物の進化をもとにして階層的な分類がされている。

このような分類を初めて行ったのは分類学の父と言われる（　A　）という科学者である。彼は世界共通の生物の名前のつけ方である「二名法」を確立した。

1　文中の（　A　）にあてはまる「二名法」を確立した分類学の父と言われる科学者を下から選べ。

メンデル　　フック　　ダーウィン　　リンネ

2　生物の行う生殖方法には大きく分けて２つの方法がある。子どもが親の染色体をそのまま受け継ぐ生殖方法を何というか。

3　植物を分類するとき，コケ植物とシダ植物は種子をつくらない植物のグループに属する。

⑴　次の文中の（　B　）に適する語句を答えよ。

「コケ植物とシダ植物は子孫を残すために（　B　）をつくる。（　B　）は湿った場所に落ちると発芽し，成長する。」

⑵　コケ植物とシダ植物のからだのつくりの違いとして，正しいものを次の**ア**～**カ**から１つ選び，記号で答えよ。

ア　コケ植物は，葉，茎，根の区別ができるが，シダ植物は区別ができない。
イ　シダ植物は，葉，茎，根の区別ができるが，コケ植物は区別ができない。
ウ　コケ植物は，葉と茎の区別はできないが，根は区別できる。シダ植物は葉，茎，根の区別ができる。
エ　シダ植物は，葉と茎の区別はできないが，根は区別できる。コケ植物は葉，茎，根の区別ができる。
オ　コケ植物は，茎と根の区別はできないが，葉は区別できる。シダ植物は葉，茎，根の区別ができる。
カ　シダ植物は，茎と根の区別はできないが，葉は区別できる。コケ植物は葉，茎，根の区別ができる。

4　下線部①について，単子葉類と双子葉類の特徴として正しいものを次の**ア**～**ク**から**すべて**選び，記号で答えよ。

ア　双子葉類の子葉は１枚で，茎の維管束は全体に散らばっている。
イ　単子葉類の子葉は１枚で，茎の維管束は輪の形で周辺部に並んでいる。
ウ　双子葉類の子葉は２枚で，胚珠は子房に包まれている。
エ　単子葉類の子葉は２枚で，胚珠はむき出しになっている。
オ　双子葉類の葉脈は平行脈で，根は主根と側根がある。
カ　単子葉類の葉脈は平行脈で，ひげ根をもつ。
キ　双子葉類の葉脈は網目状脈で，ひげ根をもつ。
ク　単子葉類の葉脈は網目状脈で，根は主根と側根がある。

Ⅱ　動物は進化の過程で背骨をもつセキツイ動物のグループと①背骨をもたない無セキツイ動物のグループに分かれた。やがて，②水中で生活していた動物の中から陸上生活をする仲間も現れた。その後さらに，③いろいろな環境に適したからだの構造やしくみを持つ子孫が生き残り，長い年月をかけて現在のような多様な種になった。

身近な無セキツイ動物を観察して，その特徴を記録した下のような生物カードを作った。そして，図鑑とインターネットを利用してその生物の名前を調べた。

生物カード1	クロオオアリ
見つけた場所：花壇のレンガのふち 大きさ：約10㎜ 特徴： ・からだは光沢がある黒色をしている。 ・からだは頭部，胸部，腹部に分かれている。 ・頭部に触覚がある。 ・あしが3対，6本ある。	

生物カード2	アサリ
見つけた場所：海辺の砂浜 大きさ：約20㎜ 特徴： ・しま模様のある硬い殻をもつ。 ・乳白色の外とう膜があり，内臓を包んでいる。 ・移動のためのあしがある。	

1　下線部①について，無セキツイ動物はさまざまな種類があり，おおまかに（ⅰ）クロオオアリが属するグループ，（ⅱ）アサリが属するグループ，（ⅲ）その他のグループ に分けられる。次のa～eの無セキツイ動物を，（ⅰ）～（ⅲ）のグループにすべて分け，記号で答えよ。

a　ミジンコ　　b　マダコ　　c　ミミズ　　d　ヤリイカ　　e　ミスジマイマイ

2　下線部②について，化石などの特徴から，最初に陸上生活をするようになったセキツイ動物は両生類で，次に，より陸上生活に適した特徴をもつハチュウ類が出現したことがわかっている。両生類とハチュウ類の記述として正しいものを，次の**ア**～**ク**から**すべて**選び，記号で答えよ。

ア　両生類は，殻のある卵を水中にうむ。
イ　ハチュウ類は，殻のある卵を水中にうむ。
ウ　両生類は，殻のない卵を陸上にうむ。
エ　ハチュウ類は，殻のない卵を陸上にうむ。
オ　両生類は，えら呼吸と皮膚呼吸を同時に行う時期がある。
カ　ハチュウ類は，肺呼吸とえら呼吸を同時に行う時期がある。
キ　両生類は，体温をほぼ一定に保つしくみをもつ恒温動物である。
ク　ハチュウ類は，環境の温度変化に伴って体温が変化する変温動物である。

3　次の文章は，下線部③について具体例を示したものである。（　A　）～（　C　）に適する語句を答えよ。

セキツイ動物は5つのグループに分類される。

コウモリは鳥類とホニュウ類の両方の特徴をもっており，どちらのグループに分類すればいいか迷ってしまう。コウモリのからだのつくりは，進化の過程で現在の生活環境に適応するために変化したと思われるが，子が母親の体内である程度育ってからうまれる（　A　）という方法で子孫を残すので，コウモリは（　B　）のグループに分類される。

（　B　）の中にはコウモリのように2つのグループの特徴を備えているものが他にも見られる。例えば，（　C　）は，からだが流線型でヒレのような構造を備え，後ろあしの骨が痕跡的に残っている。（　C　）のからだのつくりも進化の過程で現在の生活環境に適応するために変化したと思われる。

2 次のⅠ・Ⅱについて，以下の問いに答えなさい。

Ⅰ　11月のある日に鹿児島のある地点で，金星の観察を行ったところ，金星は**図1**の☆の位置に見えた。また天体望遠鏡を使って金星の観察を行い，そのままスケッチしたものが**図2**である。

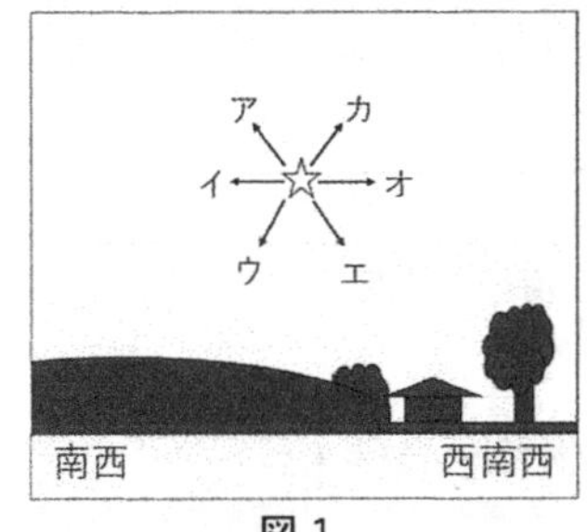

図1

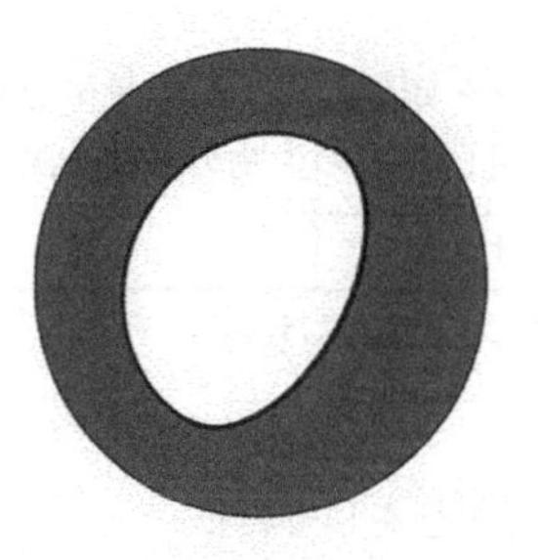
図2

1　金星について調べ，以下のようにまとめた。文中の（　A　），（　B　）に適する数字，語句を答えよ。Cは，｛　｝内から適する方を選べ。

・金星は太陽から（　A　）番目に近い惑星である。

・金星は地球や火星と同じように，小型で密度が大きい（　B　）型惑星に分類される。

・金星の自転の向きは地球と C｛同じ・反対｝向きである。

2　**図1**の金星は，この日の何時頃に観察されたと考えられるか。次の**ア**～**エ**から最も適当なものを1つ選び，記号で答えよ。

ア　午前2時　　**イ**　午前5時　　**ウ**　午後6時　　**エ**　午後11時

3　**図1**の金星は時間が経つにつれ，どの向きに移動していくか。**図1**中の**ア**～**カ**のうち，最も適当なものを1つ選び，記号で答えよ。

4　**図3**は，静止させた状態にある地球を北極の上方から見た，太陽・金星・地球の位置関係を模式的に表したものである。**図2**の見え方から**図1**の金星は，**図3**のどこの位置にあると考えられるか。①～⑤から最も適当なものを1つ選び，番号で答えよ。

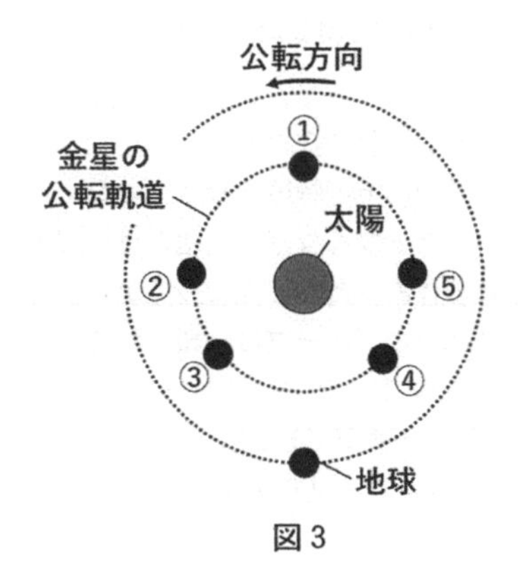

図3

5　1か月後，同じ場所で同じ倍率の天体望遠鏡を用いて再び金星を観察することにした。このとき，金星の見かけの大きさと満ち欠けのようすは，**図2**と比べてどのように変化して見えるか。次の文中の（　X　），（　Y　）に適する語句の組み合わせとして適するものを，次の**ア～ケ**から1つ選び，記号で答えよ。

「金星の見かけの大きさは（　X　），満ち欠けのようすは輝いている部分の割合が（　Y　）。」

	X	Y		X	Y
ア	大きくなり	大きくなる	**イ**	大きくなり	小さくなる
ウ	大きくなり	同じである	**エ**	小さくなり	大きくなる
オ	小さくなり	小さくなる	**カ**	小さくなり	同じである
キ	変わらず	大きくなる	**ク**	変わらず	小さくなる
ケ	変わらず	同じである			

Ⅱ　地層や化石からは，さまざまなことを読み取ることができる。

1　化石には，堆積した当時の環境を知る手がかりとなるものがある。このような化石を何というか。またそのような化石として用いられるものを，次の**ア～オ**から2つ選び，記号で答えよ。

ア　フズリナ　　**イ**　スギ　　**ウ**　シジミ　　**エ**　アンモナイト　　**オ**　ナウマンゾウ

2　石灰岩とチャートについて説明したものとして最も適当なものを，次の**ア～オ**から2つ選び，記号で答えよ。

ア　石灰岩とチャートにうすい塩酸をかけると，チャートだけ二酸化炭素が発生する。
イ　石灰岩とチャートにうすい塩酸をかけると，どちらも二酸化炭素が発生する。
ウ　石灰岩は貝殻やサンゴが堆積してできた岩石である。
エ　チャートは砂や泥をほとんど含んでおらず，大陸から離れた海でできる。
オ　チャートは陸上の寒冷な地域に生息する小さな生物の死がいが堆積してできたものである。

3　地層や化石から推測できることとして**ア～カ**の各文のうち，正しいものを**すべて**選び，記号で答えよ。

ア　サンゴの化石を含む地層がある場合，地層が堆積した当時，冷たくて浅い海であったことが推測できる。
イ　凝灰岩からなる地層がある場合，その地層ができた当時，火山の噴火活動があったことが推測できる。
ウ　地層の逆転がない地域において，下から順にれき岩の層，泥岩の層，れき岩の層が堆積している場合，この地域では陸から離れた海だった場所が，陸上まで隆起し，再び陸から離れた海へと環境が変化した可能性がある。
エ　地層の逆転がない地域において，下から順に泥岩の層，れき岩の層，砂岩の層が堆積している場合，この地域では陸から離れた海だった場所が，陸上まで隆起し，再び陸から少し離れた海へと環境が変化した可能性がある。
オ　サンヨウチュウの化石を含む地層がある場合，その地層が形成されたのはアンモナイトが繁栄していた時代より前であると推測できる。
カ　ビカリアの化石を含む地層がある場合，その地層が形成されたのは新生代であるということが推測できる。

3 次のⅠ・Ⅱについて，以下の問いに答えなさい。

Ⅰ　鉄粉と硫黄の粉末の混合物を加熱したときの変化を観察する**【実験１】**を行った。

【実験１】

①　鉄粉 7.0 g と硫黄の粉末 4.0 g を乳鉢でよく混ぜ合わせ均一にした。

②　試験管 a に①の半分を入れ，残りを試験管 b に入れた。

③　試験管 b の口を上側に向け，加熱して完全に反応させた。

④　変化が終わったら，試験管 b を空気中で冷ました。

試験管 a の内容物を物質 A，反応後の試験管 b の内容物を物質 B とする。

1　**【実験１】**の③における反応を化学反応式で書け。

2　**【実験１】**の③で加熱を行うときの注意点として適切でないものを，次の**ア**～**エ**から１つ選び，記号で答えよ。

ア　試験管の口を脱脂綿でゆるくふたをする。

イ　全体が加熱されるように，試験管の底を加熱する。

ウ　反応が始まったら，反応が終わっていなくても加熱を止める。

エ　加熱をするときは十分に換気する。

3　物質 A と物質 B の性質を調べるため，以下の**操作①**・**操作②**を行った。この操作の結果について正しいものを，次の**ア**～**カ**から２つ選び，記号で答えよ。

操作①　試験管 a と試験管 b にそれぞれ磁石を近づけた。

操作②　試験管 b に細長い電極を２本入れ，電池と豆電球を直列につないで電気を通すかどうかを調べた。

ア　物質 A は磁石にあまり引きつけられず，物質 B は磁石に引きつけられた。

イ　物質 B は磁石にあまり引きつけられず，物質 A は磁石に引きつけられた。

ウ　物質 A，物質 B ともに磁石に引きつけられた。

エ　物質 A，物質 B ともに磁石にあまり引きつけられなかった。

オ　物質 B は電気を通した。

カ　物質 B は電気を通さなかった。

4　物質 A と物質 B にそれぞれうすい塩酸を加えた。このとき発生する気体の名称と化学式をそれぞれ答えよ。

2023(R5) 鹿児島高
教英出版

令和五年度

国語　解答用紙

1

1	2	3	4	5	6	7
ア	A		i			
イ　え	B		ii			
ウ						
エ　り						
オ						

1
ア
イ
ウ
エ
オ

3

(1)	(2)	(3)	
		(i)	(ii)

4

(1)	(2)	(3)	
		(ア)	(イ)
	$y=$	： ：	

5

(1)	(2)	(3)	(4)

○印	志望学科・コース	受験番号
	普　通　科	番
	英数科特進コース	
	英数科英数コース	
	情報ビジネス科	

23012602

合　計
点 ※100点満点 （配点非公表）

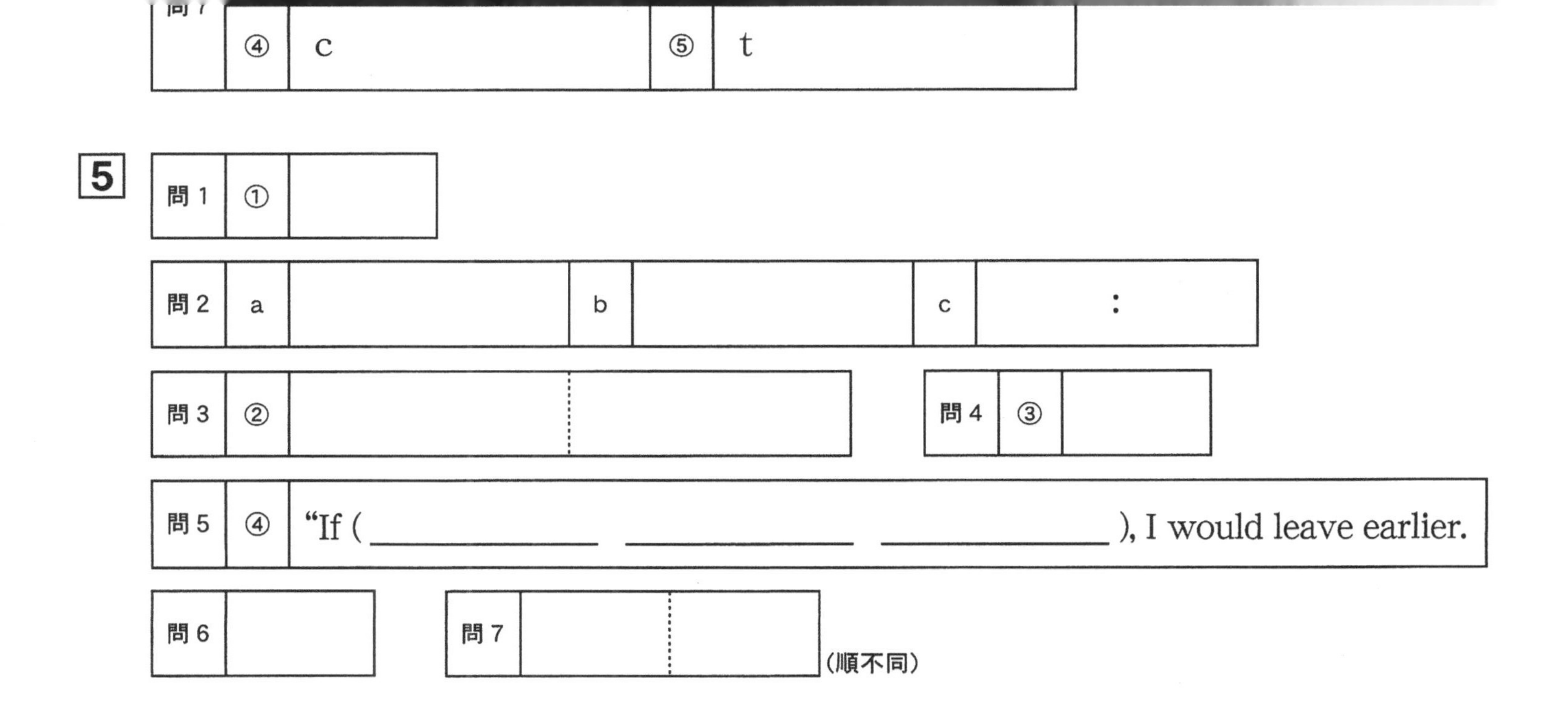

○印	志望学科・コース	受験番号
	普通科	番
	英数科特進コース	
	英数科英数コース	
	情報ビジネス科	

合計
点 ※100点満点 (配点非公表)

	(2)		
3	(1)		(2)		4		5	

3

1		2	(1)		(2)		3	
4	A		B		5			
6								
7	(1)		(2)		(3)			
8	(1)		(2)		9			

○印	志望学科・コース	受験番号
	普通科	番
	英数科特進コース	
	英数科英数コース	

23012604

合計
点 ※100点満点 （配点非公表）

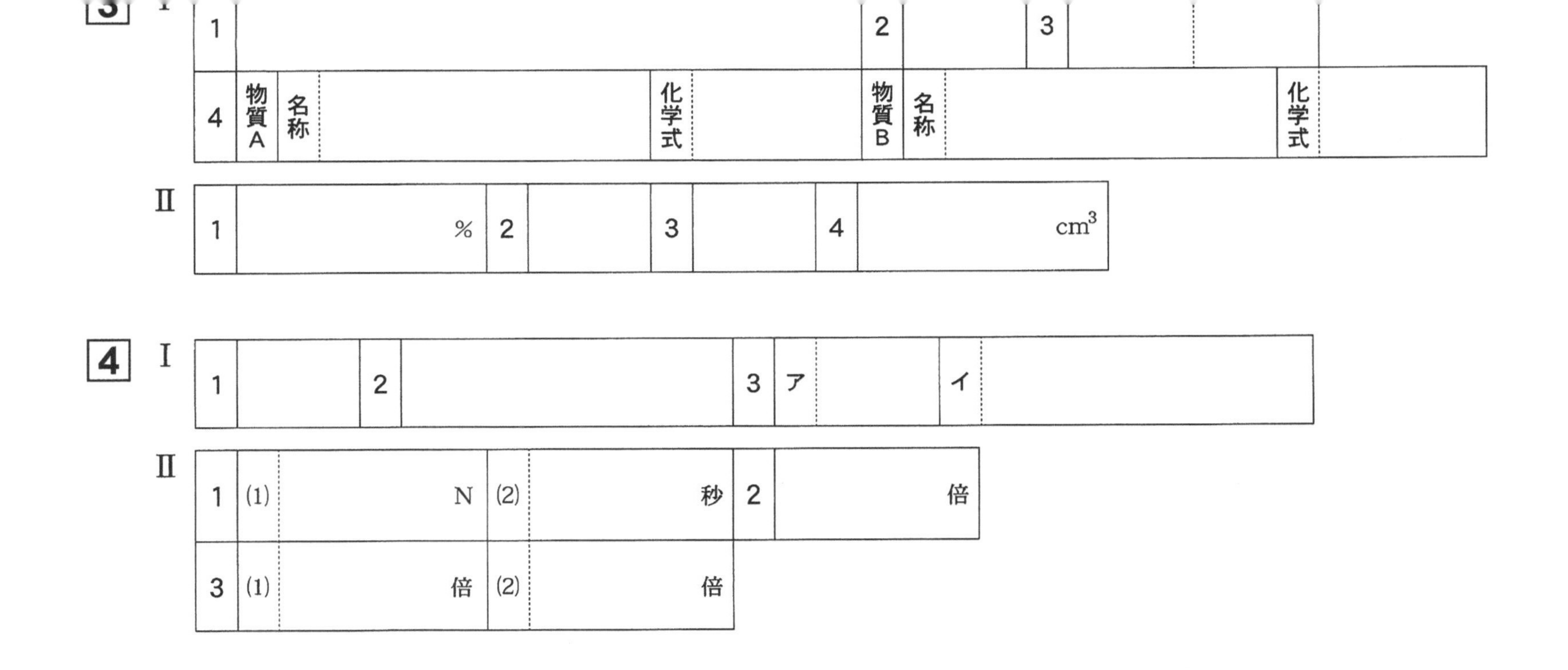

3 I

1		2		3		

4	物質A	名称		化学式		物質B	名称		化学式	

II

1	%	2		3		4	cm^3

4 I

1		2		3	ア		イ	

II

1	(1)	N	(2)	秒	2	倍
3	(1)	倍	(2)	倍		

○印	志望学科・コース	受験番号
	普通科	番
	英数科特進コース	
	英数科英数コース	

23012605

合計
点 ※100点満点 （配点非公表）

令和５年度　**理　科**　解答用紙

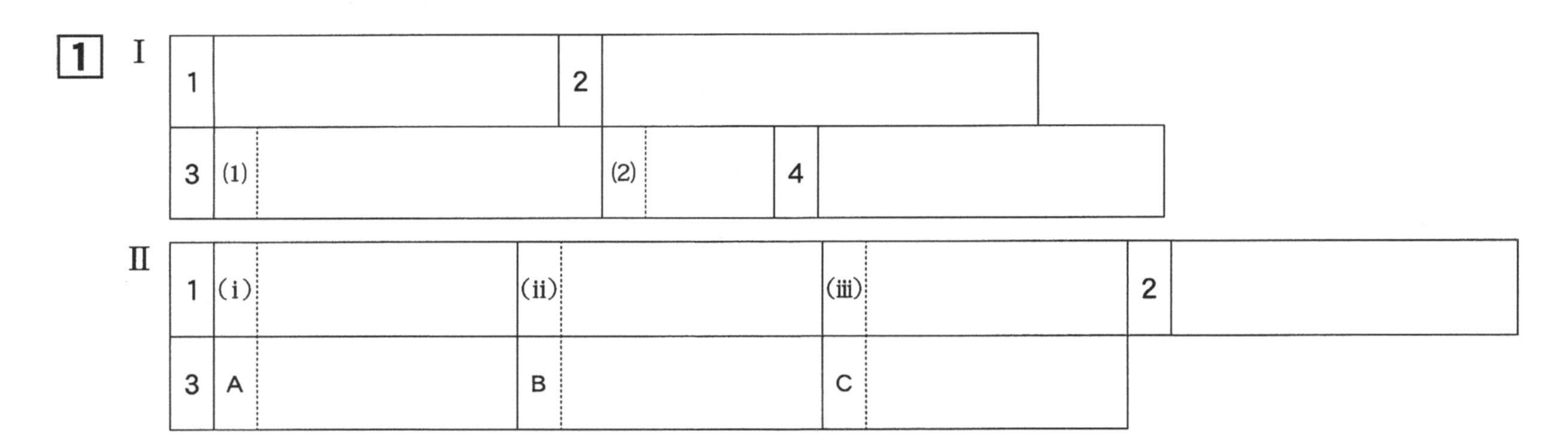

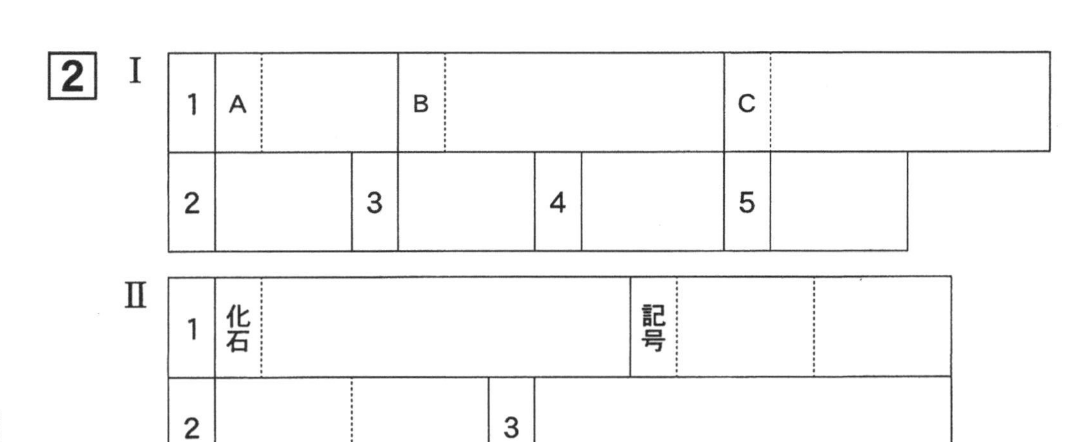

【解答

令和５年度　社　会　解答用紙

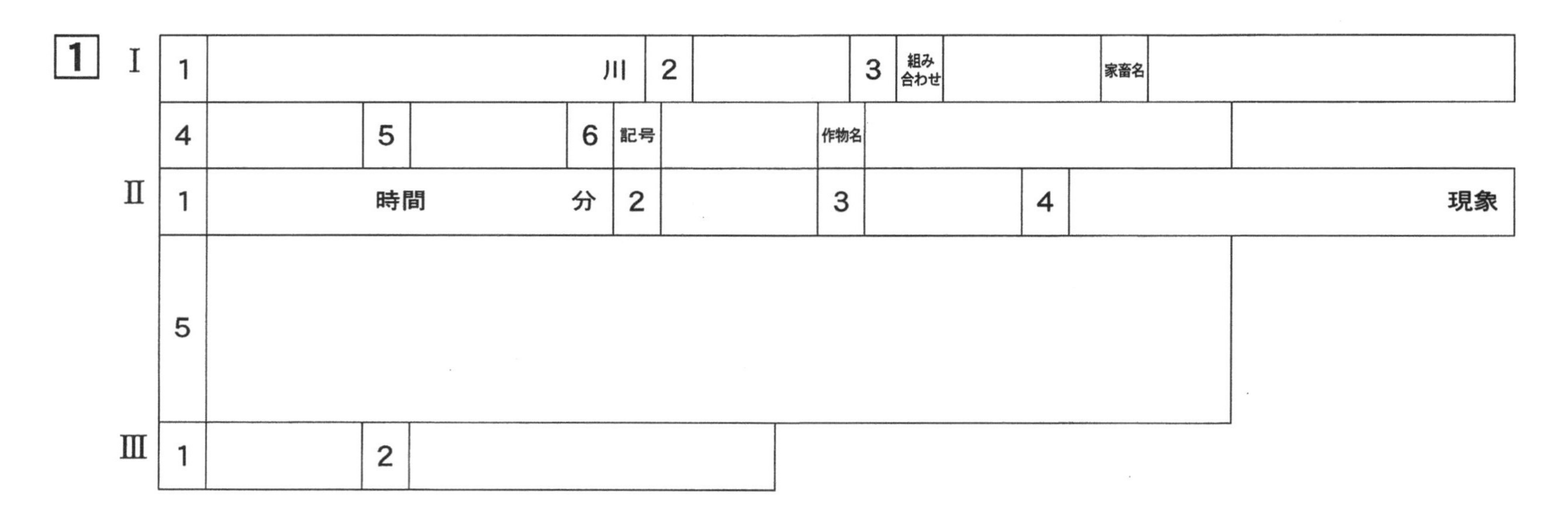

1

Ⅰ	1	川	2		3	組み合わせ		家畜名	
	4		5		6	記号		作物名	
Ⅱ	1	時間　分	2		3		4	現象	
	5								
Ⅲ	1		2						

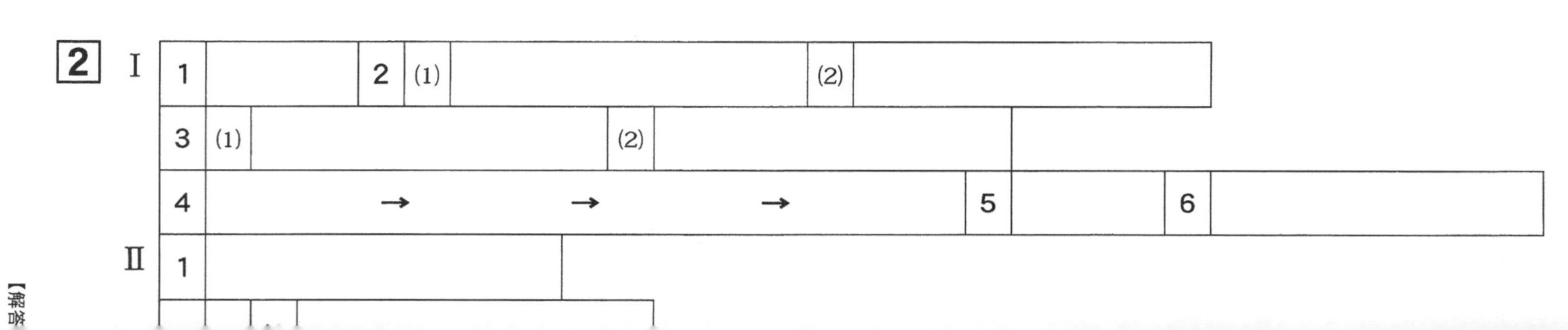

2

Ⅰ	1		2	(1)		(2)			
	3	(1)		(2)					
	4	→　→　→			5		6		
Ⅱ	1								

【解答

令和５年度　**英　語　解答用紙**

1

1	2	3	4	5

2

	2番目	4番目		2番目	4番目		2番目	4番目
1			2			3		
4			5					

3

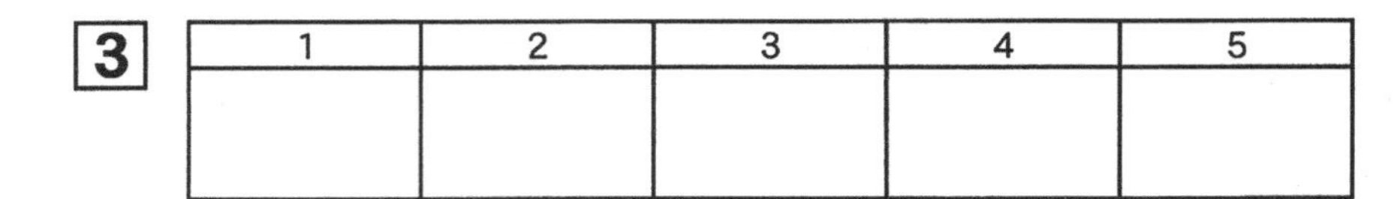

1	2	3	4	5

4

問１	①	

問２	②							7

問３	③	

問４	④	(　　　　　　)

問５	a		b	

問６	

令和５年度　数　学　解答用紙

1

(1)	(2)	(3)	(4)	(5)

(6)	(7)	(8)	(9)	(10)
$x=$　　　, $y=$	度	$y=$		$x=$

2

(1)	
①	②
cm³	cm²

(2)	
①	②
（　　　　）階の（　　　　）	

(3)	
①	②

(4)

A　D　B　C

【解答

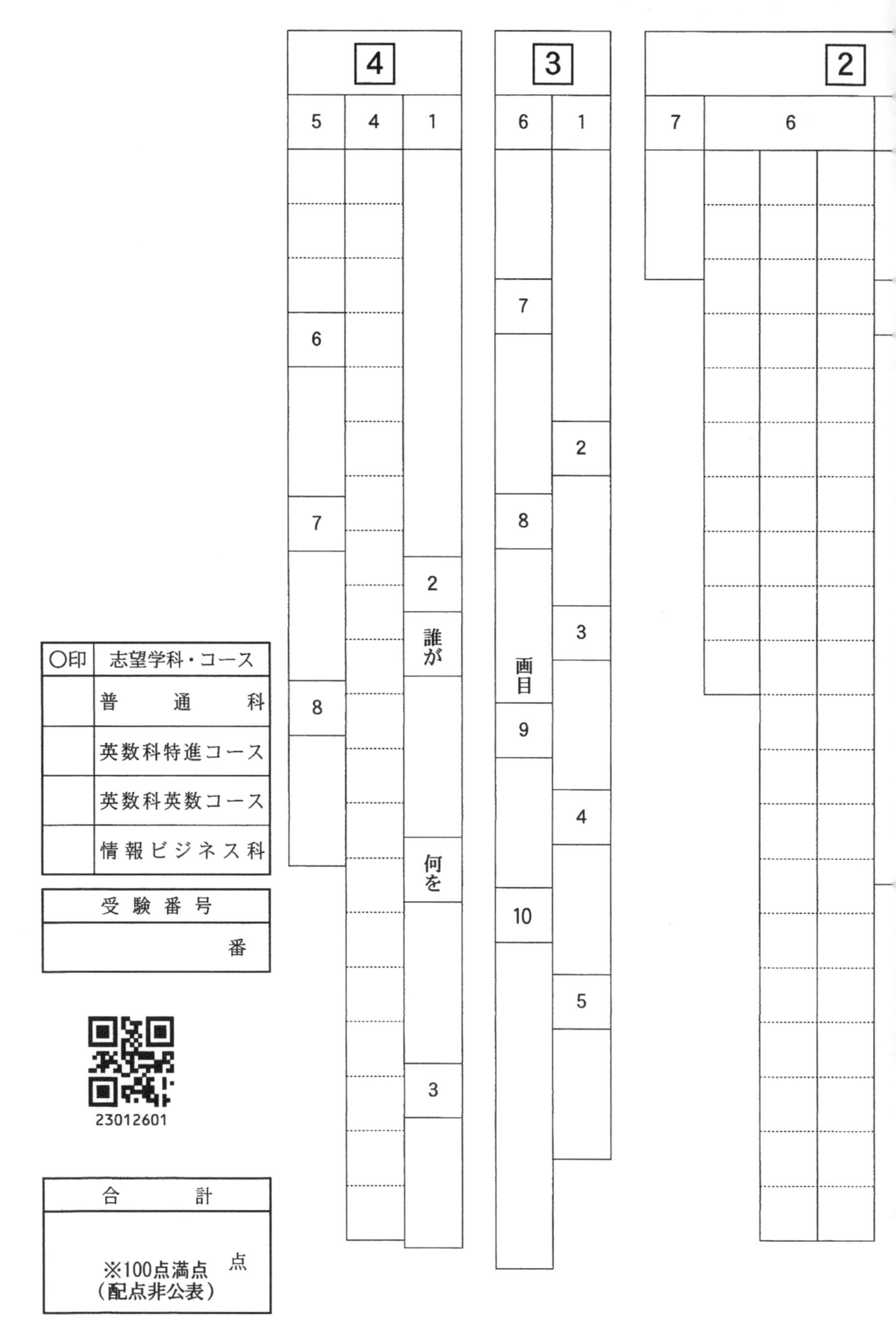

○印	志望学科・コース
	普通科
	英数科特進コース
	英数科英数コース
	情報ビジネス科

受験番号
番

23012601

合計
点 ※100点満点 （配点非公表）

Ⅱ　純水に固体の水酸化ナトリウムを溶かした水溶液に，電流を流して観察する**【実験２】**を行った。

【実験２】

① 純水 100 g に固体の水酸化ナトリウム 5.0 g を完全に溶かした。

② この溶液をステンレス電極を２本入れたＨ型管にすき間ができないように入れ，電源装置につなぎ**図１**のような装置をつくった。

③ **図１**の装置で，電源装置から流す電流の大きさを 0.3 A，0.6 A，0.9 A，1.2 A と変えて，同じ時間電流を流し，それぞれの電極から発生した気体の体積を測定した。実験の間，圧力と温度は変化しなかった。

④ 電極ａと電極ｂからそれぞれ発生した気体の体積を**表１**にまとめた。

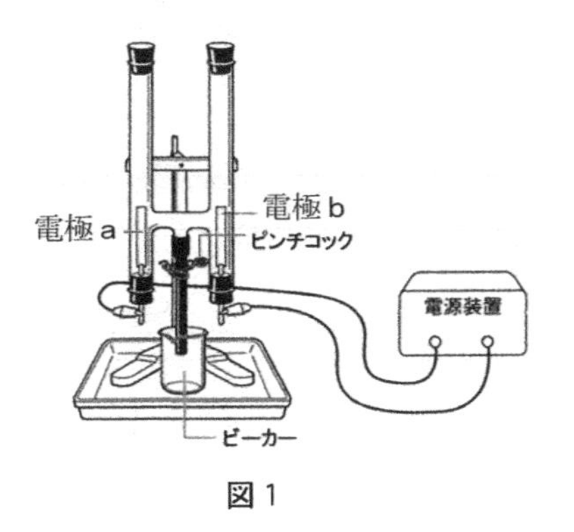

図１

表１

電流（A）	0.3	0.6	0.9	1.2
電極ａから発生した気体の体積(cm^3)	1.3	2.6	3.9	5.2
電極ｂから発生した気体の体積(cm^3)	2.6	5.2	7.8	10.4

1　**【実験２】**の①において，この水酸化ナトリウム水溶液の質量パーセント濃度は何％か。四捨五入して小数第１位まで答えよ。

2　**表１**の結果より電極ａと電極ｂのうち，**陽極**はどちらか。ａかｂの記号で答えよ。

3　**【実験２】**で，**陽極**から発生した気体の性質として正しいものを，次の**ア**～**オ**から１つ選び，記号で答えよ。

ア　石灰水に通すと白く濁る。

イ　空気よりも軽く，水に溶けやすい。

ウ　火のついたマッチ棒を近づけると，気体が音をたてて燃える。

エ　黄緑色の気体で，水に溶けやすい。

オ　燃えているスチールウールを中に入れると，スチールウールは激しく燃える。

4　**【実験２】**と同じ条件で 2.5 A の電流を流したとき，**陰極**から発生する気体は何 cm^3 になるか。四捨五入して小数第１位まで答えよ。

4 次のⅠ・Ⅱについて，以下の問いに答えなさい。

Ⅰ　透明な水槽の中に水を入れて，光の進み方を調べる実験を行った。ただし，水槽の厚さは無視できるものとする。

1　図1のように水中に入れた物体を，水槽の左上から見たところ，実際の位置よりも浅く見えた。光の道筋として正しいものを，図1の①～④から1つ選び，番号で答えよ。

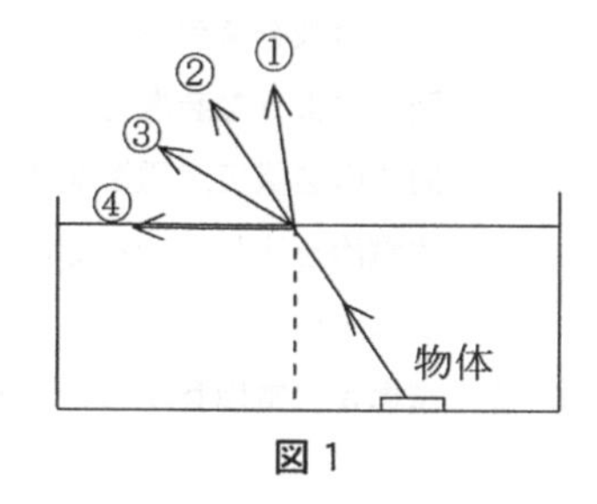

図1

2　図2のように，物体の真上の水面に，光を通さない円板を浮かべた。表1は，円板の半径rを変えたときの，円板のふちを通る光の入射角xと，水面より上の位置から物体が見えるか見えないかを表している。表1のように半径37.5 cmの円板のときに，どの位置からも物体が見えなくなった。このとき起こっている現象は何か。

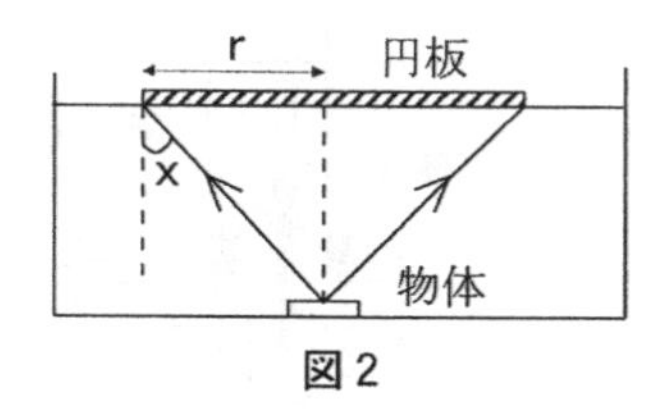

図2

表1

円板の半径 r	33.0 cm	34.5 cm	36.0 cm	37.5 cm
入射角 x	46°	47°	48°	49°
物体が見えるか	見える	見える	見える	見えない

3　図3のように水槽の右下の点Aから光を入射させる。点Aで屈折した光は点Bに達する。点Bにおいて，前問2の現象が起こるための条件はどうなるか。次の文の（　ア　），（　イ　）に適する数字，語句を答えよ。

「点Aにおける入射角を（　ア　）°より（　イ　）する。」

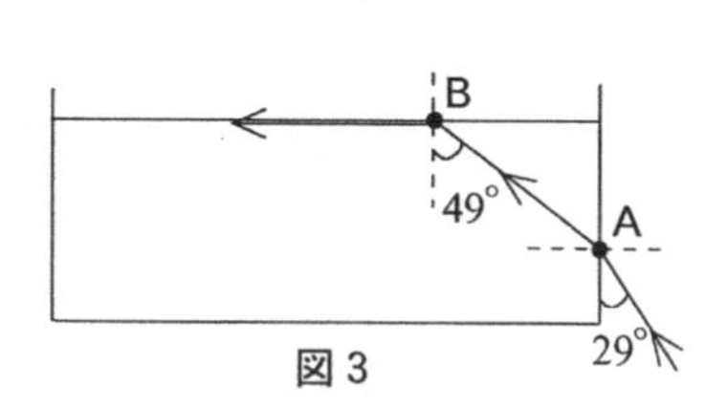

図3

Ⅱ　質量 1.2 kg のおもりと動滑車，定滑車を用いて実験を行った。ひもと動滑車の質量と，ひもの摩擦は無視できるものとする。また，質量 100 g の物体にはたらく重力の大きさを 1 N とする。

1　**図4**はおもりをひもにとりつけて，0.72 W の仕事率でゆっくりと真上に 30 cm 引き上げたときのようすを示したものである。

(1)　おもりを引く力は何Nか。

(2)　かかった時間は何秒か。

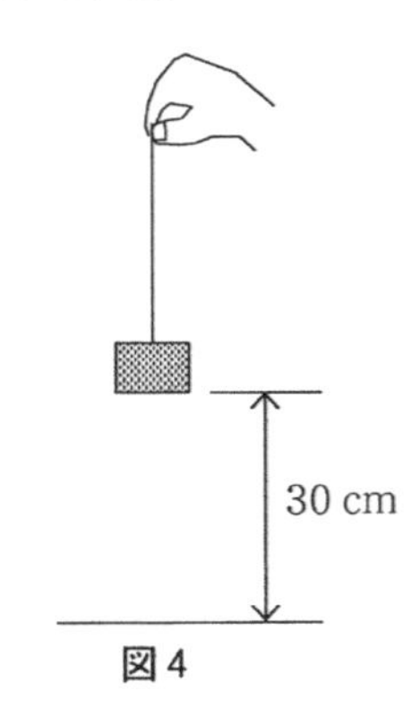

図4

2　**図5**のように，動滑車を1個用いて，おもりを 15 秒間で 30 cm 引き上げた。手がした仕事は，**図4**のときの何倍か。

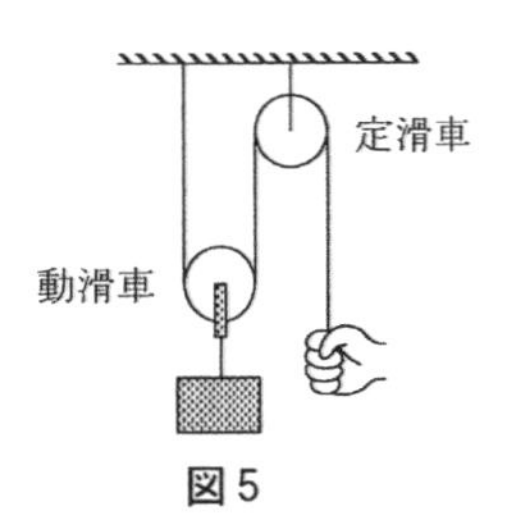

図5

3　**図6**，**図7**のように動滑車を3個用いておもりをゆっくりと 30 cm 引き上げた。

(1)　**図6**のとき，引き上げる力は，**図4**のときの何倍か。ただし，動滑車を連結している棒の質量は無視できるものとする。

(2)　**図7**のとき，ひもを引く距離は，**図4**のときの何倍か。

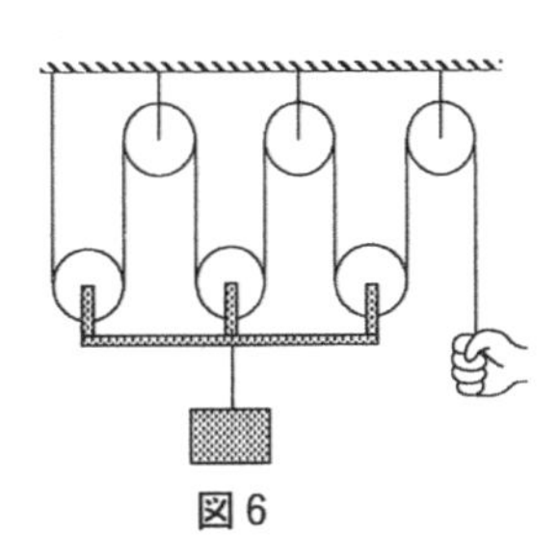
図6

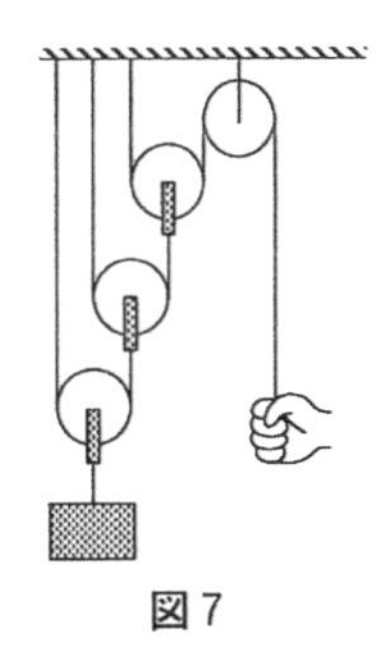
図7

令和４年度

学校法人 津曲学園 **鹿児島高等学校入学試験問題**

第１時限

国　　語

（50分）

（注　　意）

1 「始め」の合図があるまで，開いてはいけません。

2 問題用紙は表紙を入れて11ページあります。これとは別に解答用紙が１枚あります。

3 「始め」の合図があったら，解答用紙の志望学科・コースの所定の欄に○印をし，受験番号を記入しなさい。

4 答えは，**すべて解答用紙に記入しなさい。**

5 「やめ」の合図があったら，すぐに筆記用具を置きなさい。

2022(R4) 鹿児島高
教英出版

1 次の文章を読んで、あとの1～7の問いに答えなさい。

羽生さんは一〇代のころ、江戸時代につくられた非常に難しい詰将棋(注)の問題に取り組んでいたそうだ。一問解くのに何カ月もかかる。考えはじめて、考えても考えても答えが出せず、あきらめる。別の日に考えはじめて、またあきらめる。それを繰り返しているうちに、ある日ふと光が見え、一気に答えに至る。この訓練が集中力のコントロールに非常に役立ったそうだ。

一時の数時間の集中力だけが大事なのではない。プロ棋士の島朗さんも著書の中で、自分の懸案の局面で最善のホウシン(ア)を見つけたいとか、他の棋士の指した手の真意を見つけたいなどの大きなテーマに取り組むときには、何週間、何カ月がかりで①「わからない状態」を抱え、熟成させなければならない、と著書に書いている。

超一流の達人になるために求められる資質とは、ほんとうに考えに値する困難な問題を何カ月も、事によっては何年も、あきらめずに追いつづけられる忍耐力だ。真の達人は上達のために考え抜いた練習を毎日長時間行っている。その時に長期間にわたる――ことによったら生涯にわたる――集中力を保つための工夫もいろいろ考えているのだ。

超一流の達人は、質の高い練習を長期間にわたって毎日欠かさない。そういう姿をみると、達人になるためには、たゆまぬ努力が必要なのだと思わされる。

A、そう思いながらも、「やっぱり最後は生まれつきの才能だ」と多くの人が信じているのではないか。努力か、才能か。②この問題を科学的にケンショウ(イ)するのは難しい。まず、「才能とは何か」きちんと定義しなければならない。

「才能」ということばは、複数の異なる意味で使われているので要注意だ。才能は「すぐれた能力」という意味でよく使われる。その時には「持って生まれた」とか「生まれつきの」という意味合いはとくに必要ではない。そのような意味で「才能」ということばが使われることに問題はないと思われる。

ところが、「努力か、才能か」という問い方をするときは、才能ということばは「持って生まれた能力」という意味合いを持ち、「努力では到底できない能力」という意味合いが強くなる。この二番目の使い方は、実体のよくわからない漠然とした意味で使われているので、③私には気持ちが悪い。

非常にすぐれた数学者や科学者になるための才能、すぐれたスポーツ選手や音楽家になるために必要な生まれつきの才能、チェスや将棋や囲碁の名人になるための才能、大企業の経営者として成功するための才能とは、それぞれ何だろうか。スポーツ選手のすぐれた運動能力は、持って生まれた反応の速さや動体視力などの視覚能力の高さが関係していると考える人は多い。これが一流のスポーツ選手になるための才能なのだろうか？あるいは（それが何であれ）高性能の筋肉、肺、心臓などをつくりだすための「遺伝子」のようなものがあるのだろうか？

達人達は、自分の分野で必要な事に関しては驚くべき記憶力を持つ。［B］、よい記憶力をもつことが才能なのだろうか？将棋や囲碁の達人になるためには「思考力」が最も大事だ。すぐれた記憶力や思考力を生むための遺伝子が存在するのだろうか？一流の音楽家の多くは絶対音感がある。(注)生得的に備わった絶対音感が一流の音楽家になるための条件であると信じている人は多い。それはほんとうなのだろうか？

才能が大事というからには、才能はごく少数の達人（「天才」と呼ばれる人）たちを生み出す④原因でなくてはならない。結果ではない。しかし「才能」の話はとかく、その達人がどのような遺伝的な素因を持っていたかという観点から語られる。一方で、「天才」や「抜きん出た達人」が、たゆまぬ努力をつづけていることも紛れもない事実である。

棋士の羽生善治さんが子どもの時から、常に己を<u>リッ</u>(ウ)してストイックに努力を重ねてきたこと、独自の勉強法を模索しつづけてきたことは、ご自身や長年お付き合いのある方たちの<u>カイソウ</u>(エ)などで明らかにされている。

野球のイチロー選手はどうだろうか。彼はインタビューで、小学生のころどのように練習していたかを語っている。イチロー選手は小学生のころから毎日バッティングセンターに通っていた。しかし、ただ普通にバッティング練習をしていたのではない。小学生のイチロー選手（というよりも子どものイチロー君）は、マシンのスプリングを目いっぱい硬くしてもらって、できるだけ速いボールが来るように調整してもらっていた。それでもプロが投げる球の速さではなかったので、バッターボックスの外に出て、より近い距離でボールを打ち、「プロはこのくらい速いボールを打っているのだ」と計算しながら練習をしていたそうだ。

このように、超一流の人は、超一流のパフォーマンスをするために、小さいころから質の高いトレーニング方法を模索しつづけ、実践しているのである。また、実践しながら集中力の<u>緩急</u>(オ)の付け方、時間の配分のしかたも同時に学んでいる。

（今井むつみ『学びとは何か―〈探究人〉になるために』岩波新書による）

(注) 詰将棋 ＝ 将棋で、与えられた譜面と駒とを使って、規則に従って王手を続けて、王将の逃げ道がないようにすること。
生得的 ＝ うまれつきであるさま。

1 ━線部ア～オのカタカナは漢字に、漢字はひらがなに直せ。

2 本文中の［A］・［B］に入る語を次から選び、記号で答えよ。

ア それゆえ　イ では　ウ それとも
エ とはいえ　オ つまり　カ そして

3 ——線部①『わからない状態』を抱え、熟成させなければならない」のはなぜか。次の一文の【 a 】・【 b 】に当てはまる言葉を本文中から抜き出し、一語で答えよ。

> 答えを出すのに時間がかかる問題を解くことは、【 a 】だけでなく、【 b 】も身に付けることになるから。

4 ——線部②「この問題」とはどのような問題か。解答欄に合うように二十五字以上三十字以内で答えよ。

5 ——線部③「私には気持ちが悪い。」のはなぜか。最も適当なものを次から選び、記号で答えよ。

ア 二番目の使い方には、「天才」や「抜きん出た達人」がたゆまぬ努力を続けていることが含まれていないから。

イ 二番目の使い方には、すぐれた記憶力や思考力を生むための遺伝子が存在するという観点が抜けているから。

ウ 二番目の使い方には、今まで努力や労苦を重ねてきた羽生さんやイチロー選手への賞賛が無視されているから。

エ 二番目の使い方には、努力してもなかなか結果が出せない人や才能がない人への配慮がなされていないから。

6 ——線部④「原因」について、対義語と類義語を本文中からそれぞれ抜き出せ。

7 筆者の主張として、最も適当なものを次から選び、記号で答えよ。

ア 超一流の達人とは、努力を怠らず、いかなる課題にもあきらめずに取り組むことのできる人物を指す。

イ 才能とは、努力をすれば必ず身に付くもので、遺伝子的なものは関係せず、科学的にも明らかにされていない。

ウ 超一流の達人とは、幼い頃から質の高い練習方法を模索し、練習場所にもこだわり、自分を磨いている人である。

エ 才能とは、優れた人物になるために必要な資質であり、その才能に早くから気づき、伸ばすことが大切である。

2 次の文章を読んで、あとの1～6の問いに答えなさい。

地元で有数の商家に生まれた賢治は、学問への興味や石集めへの関心から、家業の質屋を継ぐことに抵抗を持っていた。厳しい父にそのことを言い出せずにいた賢治だったが、ある日の夕食の席でふと自分の思いをもらし、父に強く責め立てられる。

従順であった賢治の思わぬ反抗を意外に思った妹のトシは、翌日、賢治に食卓での発言の真意を尋ねる。昨夜の食卓の緊迫した雰囲気を賢治は思い起こす。

お詫び

著作権上の都合により、文章は掲載しておりません。ご不便をおかけし、誠に申し訳ございません。

教英出版

お詫び

著作権上の都合により、文章は掲載しておりません。ご不便をおかけし、誠に申し訳ございません。

教英出版

お詫び

著作権上の都合により、文章は掲載しておりません。
ご不便をおかけし、誠に申し訳ございません。

教英出版

お詫び

著作権上の都合により、文章は掲載しておりません。
ご不便をおかけし、誠に申し訳ございません。

教英出版

（門井慶喜『銀河鉄道の父』による）

（注）女たち ＝ 前日の食卓を囲んでいた賢治の家族や使用人。
難詰 ＝ するどく問い詰めること。
シゲ ＝ 賢治の妹。
なすてあんたなごと言ったのす ＝ 岩手県の方言。どうしてあんなことを言ったの。「あんなこと」とはここでは質屋を継がないという趣旨の賢治の発言のこと。
鍛冶屋 ＝ 金属を鍛錬して製品を製造、販売する店。
聞かねのす ＝ 岩手県の方言。聞かないのです。
へば ＝ 岩手県の方言。それなら。
へだば ＝ 岩手県の方言。それならば。
洞 ＝ 穴。
マロ ＝ フランスの小説家。

1 ＝＝線部ア～オのカタカナは漢字に、漢字はひらがなに直せ。

2 ――線部①とあるが、ここでは具体的にどのような意味か。次の文の【 a 】・【 b 】に当てはまる最も適当なものを次の語群から選び、それぞれ記号で答えよ。

【 a 】とわかっていながら【 b 】こと

aの語群
ア 諭される　イ 殴られる　ウ 笑われる　エ 叱られる

bの語群
ア 自分の意見を主張する　イ きらいであることを伝える
ウ 相手の主張を否定する　エ 他の人より目立とうとする

3 ――線部②とあるが、これはトシのどのような心情を表したものか。最も適当なものを次から選び、記号で答えよ。
ア 質屋を継いだ後の成功を思い、自身の今後を楽しみに思う大人びた心情。
イ 賢治のために犠牲となるという決心を振り返り、早々と後悔する心情。
ウ 自分を犠牲にしてでも賢治を助けてあげたいという覚悟を決めた心情。
エ 質屋を継ぐ未来の自分を想像し、早くも一人前になっているような心情。

4 ――線部③「そのこと」とあるが、具体的にどのようなことか。三十五字以内で答えよ。

5 本文中の□を補う語として、最も適当なものを次から選び、記号で答えよ。
ア 前後　イ 四方　ウ 万事　エ 八方

6 次は、本文をもとにして話し合っている先生と生徒の会話である。（Ⅰ）、（Ⅱ）に当てはまる最も適当な語を答えよ。ただし、（Ⅰ）は本文中から二字で抜き出し、（Ⅱ）は空欄に当てはまる語を漢字二字で答えるものとする。

先生「本文の最後にある『トシの目がにわかに光りはじめた。』とはどういうことだろう。」
生徒A「賢治だけでなく、トシも自分の（Ⅰ）について考え始めているよね。」
生徒B「賢治の言葉から、トシは自分の（Ⅰ）について（Ⅱ）を持ったんだね。」
先生「そうですね。よく読み取れましたね。」

3 次の文章を読んで、あとの１～９の問いに答えなさい。

日本の片田舎の何の取り柄もない少女。

わたしは、ずっと自分のア ことをそう感じていました。自己顕示欲（けんじよく）①も自尊心も人並み以上にあるくせに、自分の可能性を少しも信じることができなかったのです（でも、十代ってそんなものですよね。等身大の自分をきっちり認めるのは大人になってからで十分。枠からはみだしたり、寸足らずだったり、そんな自分と□戦□闘②できるのが思春期の特権なんですから。と、この歳になったら何でも言えますよね。当時は足掻き（あが）に足掻いていたのに）。

自分を信じきれないという思いは閉塞感（へいそく）へと繋（つな）がります。わたしは厚い壁に取り囲まれ、どこにも行けないような気になっていました③。本はその壁が壁ではなく、扉なのだと教えてくれたのです。

扉は開きます。

開いた向こうには、わたしのイ 知らない世界が広がっていました。扉を出て、一歩、一歩、進めば、さらに別の世界が待っていました。

それを希望④と呼んでも差し支えないでしょう。

本は、わたしの世界は閉ざされているのではなく、開かれ繋がっていることを教えてくれた⑤のです。

物を書く人間になりたい。

読む人ではなく、書く人になりたい。

中学生のわたしは強く、強く、思いました。

いつか、この世界をわたしの手で物語にしてみせる。誰かに手渡してみせる、と。

あれから何十年も経つけれど、あのときの思いはまだ【　　】褪（あ）せずに、胸のウ 中にあります。

わたしは本のことしか知りません。音楽であっても、ダンスであっても、スポーツであっても、きっと同じようにあなたの周りにあるのエ は壁ではなく扉だと告げてくれるでしょう。

わたしは一冊の本によって、扉を開けることができました。そんな本に、そんな何かに、そんな相手に、人はいつかどこかで巡り合えます⑥。

信じてください。

（あさのあつこ編著『10代の本棚―こんな本に出会いたい―』岩波ジュニア新書による）

1　——線部ア～エ「の」の働きとして同じものはどれとどれか。記号で答えよ。

2　——線部①「顕」の部首名を答えよ。

3　——線部②は「困難に打ち勝とうと努力すること」という意味の四字熟語だが、□に入る漢字を書け。

4　次の行書体で書いた漢字を楷書に直したとき、総画数が同じものはどれとどれか。次から選び、記号で答えよ。

ア 感　イ 尊　ウ 等　エ 閉

5　——線部③「どこにも行けないような気になっていました」を文節に区切り、その数を漢数字で答えよ。

6　——線部④「希望」の漢字の構成として同じものを次から一つ選び、記号で答えよ。

ア 少女　イ 自己　ウ 人間　エ 音楽

7　——線部⑤「教えてくれた」のような表現技法として適当なものを次から一つ選び、記号で答えよ。

ア 倒置法　イ 直喩　ウ 擬人法　エ 対比

8　本文中の【　】に入る語として最も適当なものを次から選び、記号で答えよ。

ア 最も　イ たぶん　ウ 急に　エ 少しも

9　——線部⑥「いつかどこかで」の二つの文節の関係として適当なものを次から一つ選び、記号で答えよ。

ア 主語・述語の関係
イ 修飾・被修飾の関係
ウ 並立の関係
エ 補助の関係

4

次の文章を読んで、あとの1～8の問いに答えなさい。

この安養の尼上(あまうえ)(注)のもとに強盗乱入し、房中(部屋の中)にありける物、皆捜し取り出しをはんぬ(終わった)。尼上、紙の衾(ふすま)(注)ばかりを着られけり。小尼公(こあまぎみ)(安養尼の姉尼なり)、走り廻(まは)りて見ければ、枯れ色の小袖を一つ落したりけるを、取りて「これを落して候ひける、①たてまつる(お持ちしました)」とて、持ち来たりければ、尼上いはく「②それも奪取の後は、わが物とこそ思ふらんに、主(ぬし)の心行かざらん物をば③いかでか着るべきや。遠く行かざる以前に、早く返し給ふべし」と云々(うんぬん)。よつて小尼公、門に走り出「やや」とよびかへして「これを落さしめ給ひたれば(落とされたので)、④たてまつらむ(さしあげましょう)」といひければ、強盗ら立ち帰りて、しばらく⑤案じて「悪しく参り候ひにけり」とて、⑥取る処(ところ)の物等、しかしながら(そのまますべて)返し置きて退散しをはんぬ。

(『古事談(こじだん)』による)

(注) 安養の尼上 ＝ 源信(平安時代中期の天台宗の僧)の妹。
衾 ＝ 夜寝るとき上に掛ける夜具。掛け布団。

1 ～～線部「よびかへして」を現代仮名遣いに直して書け。

2 ‖線部「ばかり」の用法として最も適当なものを次から選び、記号で答えよ。

ア 限定　イ 範囲　ウ 量　エ 程度

3 ――線部①「たてまつる」、④「たてまつらむ」は、誰に対して述べているか。次から選び、それぞれ記号で答えよ。

ア 尼上　イ 小尼公　ウ 強盗　エ 作者

4 ――線部②「それ」は何を指しているか。本文中から六字で抜き出して答えよ。

5 ――線部③「いかでか着るべきや」の現代語訳として最も適当なものを次から選び、記号で答えよ。

ア どのようにして着たらよいのかわからない。
イ どうして着られようか、いや着られない。
ウ どうして着ないだろうか、いや着るべきである。
エ どうにかして着ることができないだろうか。

6 ――線部⑤「案じ」の意味として最も適当なものを次から選び、記号で答えよ。

ア 案内する　イ 提案する　ウ 発案する　エ 思案する

7 ――線部⑥「取る処の物等、しかしながら返し置きて」とあるが、その理由を説明したものとして、最も適当なものを次から選び、記号で答えよ。

ア 小尼公の執念深さに恐怖をおぼえ、自分の命が惜しくなったから。

イ 尼上と小尼公の宝が偽物だと判明し、価値を感じなくなったから。

ウ 尼上のあまりの実直さに心を打たれ、己の罪深さに気づいたから。

エ 尼上の生活の極端な貧しさに驚き、思わず同情してしまったから。

8 『古事談』は説話集であるが、同じジャンルのものを次から一つ選び、記号で答えよ。

ア 万葉集　イ 古事記　ウ 源氏物語　エ 今昔物語集

令和４年度

学校法人 津曲学園 **鹿児島高等学校入学試験問題**

第２時限

数　　学

（50分）

（注　　意）

1　「始め」の合図があるまで，開いてはいけません。

2　問題用紙は表紙を入れて７ページあります。これとは別に解答用紙が１枚あります。

3　「始め」の合図があったら，解答用紙の志望学科・コースの所定の欄に○印をし，受験番号を記入しなさい。

4　答えは，**すべて解答用紙に記入しなさい。**

5　「やめ」の合図があったら，すぐに筆記用具を置きなさい。

1 次の各問いに答えよ。

(1) $5 \times 3 - 8 \div 2$ を計算せよ。

(2) $\dfrac{1}{2} + \dfrac{5}{3} - \dfrac{1}{6}$ を計算せよ。

(3) $7\sqrt{5} - \sqrt{20} + \sqrt{45}$ を計算せよ。

(4) $\dfrac{x + y}{2} - \dfrac{x - 2y}{3}$ を計算せよ。

(5) $x^2 + x - 30$ を因数分解せよ。

(6) 2次方程式 $x^2 - 5x + 3 = 0$ を解け。

(7) 右の図において，$\angle x$ の大きさを求めよ。

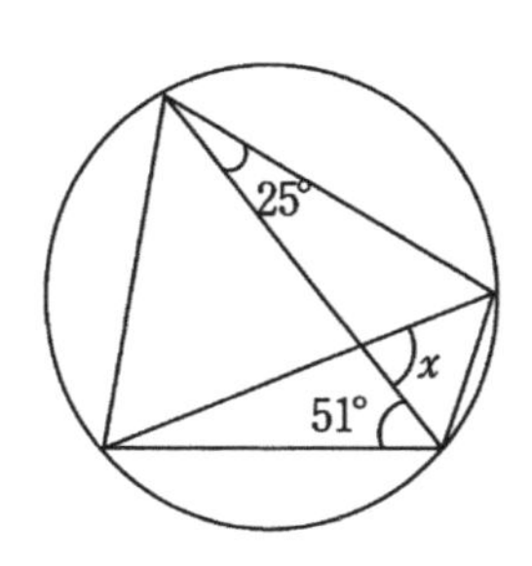

(8) 縦 90 cm，横 126 cm の長方形の床がある。この床に同じ大きさの正方形のタイルを敷きつめたい。タイルの大きさをできるだけ大きくするには，タイルの1辺の長さを何 cm にすればよいか。

(9) あるクラスで小テストをしたところ，得点は4点が5人，5点が3人，6点が a 人，7点が7人，8点が1人で，平均値は5.8点であった。a の値を求めよ。

(10) $\dfrac{\sqrt{1000 - n}}{5}$ が自然数となるような，自然数 n の個数を求めよ。

2 次の各問いに答えよ。

(1) 連立方程式 $\begin{cases} 3x + y = 7 \\ x - 3y = 9 \end{cases}$ を解け。

(2) 右の図のように，直方体 ABCD−EFGH がある。

AB $= a$，AD $= 2a$，AE $= b$ とするとき，

次の ①～④ の文字式が表している数量を，下の

【選択肢】(ア)～(カ)の中からそれぞれ1つ選び，

記号で答えよ。

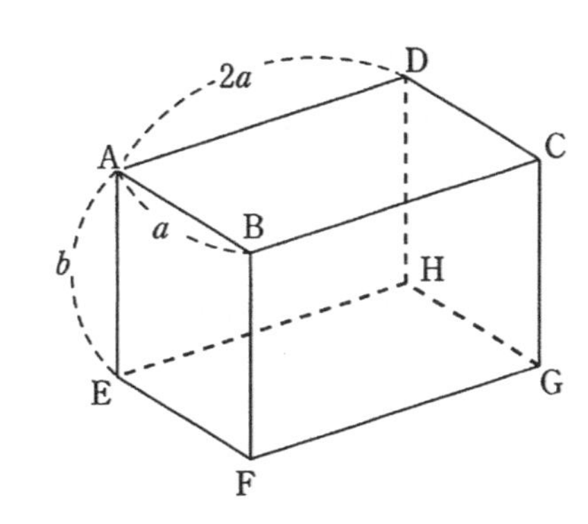

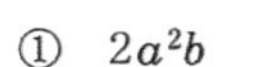

① $2a^2b$　　② $2a^2 + (3 + \sqrt{5})ab$

③ $\dfrac{2}{3}a^2b$　　④ $4a^2 + 6ab$

【選択肢】

(ア) 直方体 ABCD−EFGH の体積　　(イ) 直方体 ABCD−EFGH の表面積

(ウ) 三角柱 ABD−EFH の体積　　(エ) 三角柱 ABD−EFH の表面積

(オ) 四角すい AEFGH の体積　　(カ) 四角すい AEFGH の表面積

(3) 箱の中に青，黄，赤の3色の玉が1個ずつ入っている。この箱の中から玉を1個取り出し，色を確かめて，取った玉は箱の中に戻す。これを3回くり返す。このとき，次の**【ルール】**にしたがって，得点を考える。次の各問いに答えよ。

【ルール】

・取り出した玉の色が青のときは0点，黄のときは1点，赤のときは3点とし，3回の合計点を得点とする。

・取り出した玉が3回とも同じ色のときは，3回の合計点を2倍したものを得点とする。

① 得点が5点となる確率を求めよ。

② 得点が6点となる確率を求めよ。

(4) 右の図において，x 軸上に点 $P_1(64,\ 0)$ をとり，以下の手順で点をとっていく。

【手順】

1．原点 O を中心に線分 OP_1 を反時計回りに 30° 回転させ，$OP_2=\frac{1}{2}OP_1$ となる点を P_2 とする。

2．原点 O を中心に線分 OP_2 を反時計回りに 30° 回転させ，$OP_3=\frac{1}{2}OP_2$ となる点を P_3 とする。

同じようにして，点 P_4，P_5，……をとるとき，次の各問いに答えよ。

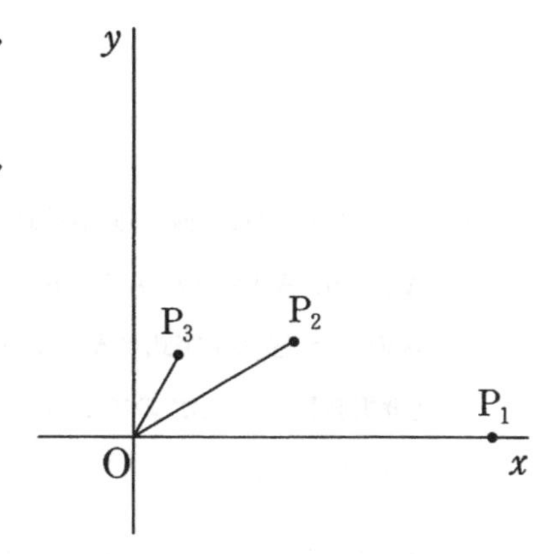

① 点 P_2 の座標を求めよ。

② 点 P_{10} の座標を求めよ。

(5) 下の図で，AB ＝ a のとき，$AP=\frac{a}{\sqrt{2}}$ となる線分 AP を，定規とコンパスを用いて作図せよ。ただし，作図に用いた線は残しておくこと。

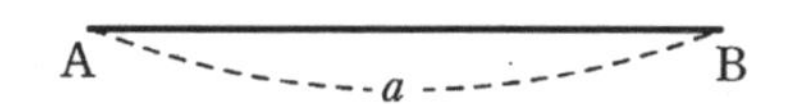

3 中学生３人が 10 日間のランニング時間を毎日記録した。【図１】はＡさんとＢさんのデータを箱ひげ図で表したものである。Ｃさんのデータは,

35　20　55　35　50　40　50　40　40　40　（単位：分）

である。このとき，次の各問いに答えよ。

【図１】

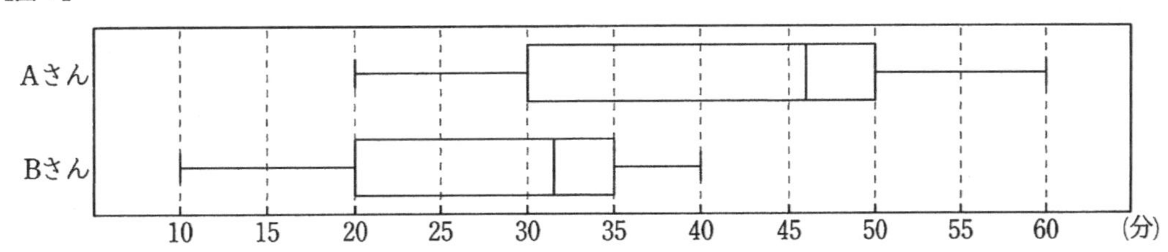

(1)　Ｃさんのデータの最頻値を求めよ。

(2)　Ｃさんのデータの平均値を求めよ。

(3)　Ｃさんのデータの箱ひげ図をかけ。

(4)　Ａさん，Ｂさん，Ｃさんの箱ひげ図において，次の(ア)～(カ)の中から正しいものをすべて選び，記号で答えよ。

(ア)　３人の中で，データが一番広く分布しているのは，Ａさんである。

(イ)　Ａさんのデータについて，範囲は 20 分である。

(ウ)　Ｂさんのランニング時間が 20 分以上 35 分以下であった日は，５日未満である。

(エ)　Ｂさんの第３四分位数とＣさんの第１四分位数は同じである。

(オ)　35 分以上ランニングした日数が一番多いのはＣさんである。

(カ)　３人のデータについて，中央値を大きい順に並べると，Ａさん，Ｂさん，Ｃさんの順である。

4 右の【図１】のように，関数 $y=\frac{1}{2}x^2$ のグラフ上に４点A，B，C，Dがある。２点A，Bの x 座標はそれぞれ -2，3であり，直線 l は２点A，Bを通る。
直線 m は２点C，Dを通り，直線 l に平行で，y 軸との交点の座標は(0，10)である。このとき，次の各問いに答えよ。

【図１】

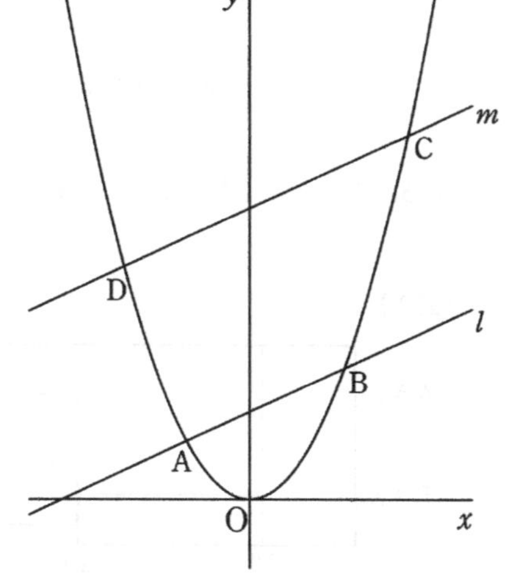

(1) 点Aの y 座標を求めよ。

(2) 点Cの座標を求めよ。

(3) 四角形ABCDの面積を求めよ。

(4) 右の【図２】の斜線部分にあり，x 座標，y 座標ともに整数である点の個数を求めよ。ただし，y 軸と２つの直線 l，m および関数 $y=\frac{1}{2}x^2$ のグラフ上の点も含むものとする。

【図２】

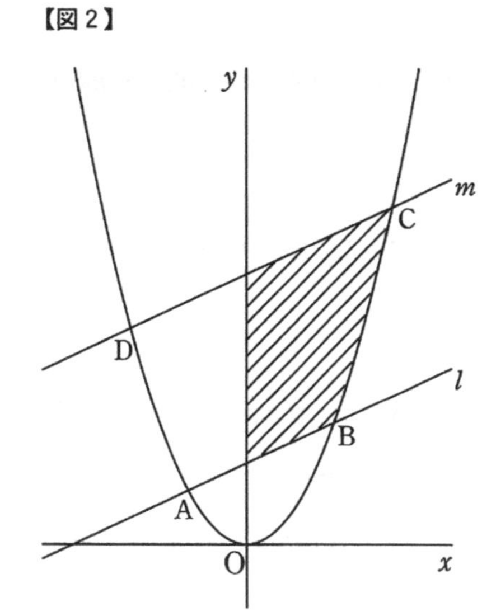

K 教英出版

5 右の【図1】のように，円Oと円O′があり，円Oの半径は3である。円O, O′の交点をA, Bとする。∠AOO′＝60°，∠AO′O＝30°とし，円O′と線分OO′の交点をCとする。さらに【図1】の図形を【図2】のように3つの図形に切り分ける。このとき，次の各問いに答えよ。ただし，円周率はπとする。

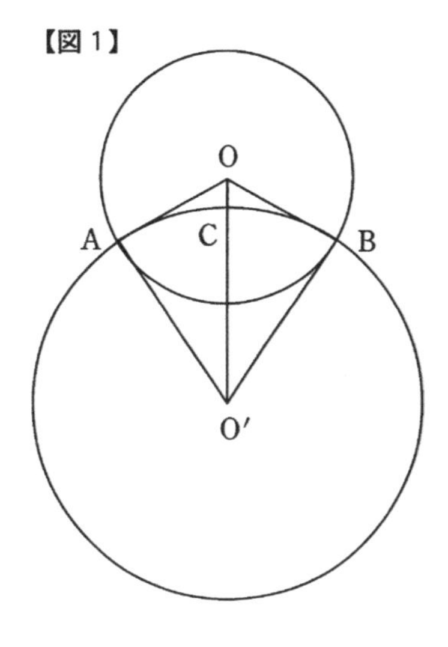

(1) 線分OCの長さを求めよ。

(2) 四角形OAO′Bの面積を求めよ。

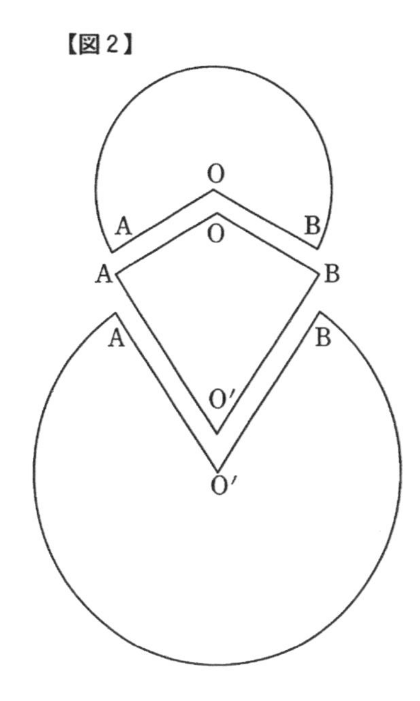

(3) 【図2】のおうぎ形OABの辺OA，辺OBを合わせて【図3】のような容器をつくり，この容積をVとする。このとき，Vを求めよ。

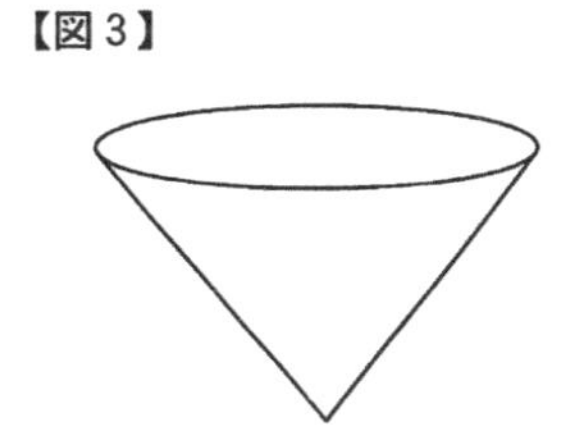

(4) (3)と同じように，【図2】のおうぎ形O′ABの辺O′A，辺O′Bを合わせて容器をつくる。水平に保たれたこの容器に，水がいっぱいに満たされた(3)の容器でくり返し水を入れたとき，はじめて水がこぼれるのは何杯目か。

令和４年度

学校法人
津曲学園 **鹿児島高等学校入学試験問題**

第３時限

英　　語

(50分)

（注　　意）

1　「始め」の合図があるまで，開いてはいけません。

2　問題用紙は表紙を入れて７ページあります。これとは別に解答用紙が１枚あります。

3　「始め」の合図があったら，解答用紙の志望学科・コースの所定の欄に○印をし，受験番号を記入しなさい。

4　答えは，**すべて解答用紙に記入しなさい。**

5　「やめ」の合図があったら，すぐに筆記用具を置きなさい。

1 次の各文の（　　）に入る最も適当なものを，それぞれア～エから１つ選び，その記号を書きなさい。

1 She usually goes to school (　　) bus.

ア in　イ for　ウ from　エ by

2 I'm so hungry because I didn't have (　　).

ア basketball　イ breakfast　ウ homework　エ headphones

3 There were (　　) people in the train, so I couldn't get on it.

ア many　イ much　ウ little　エ few

4 He (　　) an old friend of mine on his way to school.

ア see　イ saw　ウ seen　エ seeing

5 In Japan, we (　　) a lot of rain in June.

ア give　イ make　ウ have　エ move

2 次の各組の対話で，（　　）内の語（句）を意味が通るように並べかえたとき，**２番目**と**４番目**にくる語（句）の記号をそれぞれ書きなさい。ただし，文頭にくる語（句）は小文字にしてあります。

1 A：What was he doing?
B：(ア listening　イ was　ウ he　エ music　オ to) at home.

2 A：(ア it　イ in　ウ called　エ what　オ is) Japanese?
B：We call it "*Tatami*."

3 A：He is our new teacher.
B：He looks young.　Do you (ア is　イ how　ウ know　エ he　オ old)?

4 A：Look at (ア in　イ woman　ウ the　エ front of　オ standing) the convenience store.
B：Oh, she is my cousin.

5 A：Our teacher speaks English well.
B：I (ア could　イ wish　ウ speak　エ English　オ I) well.

2022(R4) 鹿児島高
K 教英出版

3 次の広告(advertisement)を読み，各問いに対する最も適当な答えを，それぞれア～エから１つ選び，その記号を答えなさい。

鹿高岳ツアーのご案内

Kakoudake is a beautiful mountain in the southern part of Kagoshima. It is a symbol of this prefecture. This mountain is easy for both men and women of all ages, but only expert hikers can reach the summit.

ツアー	A	B	C
推　奨	family	beginner	expert
難易度	☆	☆☆	☆☆☆
所要時間	around 2 hours	around 4 hours	around 8 hours
必要人数	6	3	5
携行品	drinks, towels	drinks, towels, raincoat	drinks, towels, snacks, raincoat
価　格	$10 / person	$12 / person	$20 / person
諸注意	You can join this tour not only with your family but also with your friends.	Children under 12 need a parents' permission.	Children under 15 cannot attend this tour. Get 10% discount if 8 hikers join.

※ Tours can be cancelled because of the weather conditions.
※ Our company will cancel tours if there are not enough people.
※ If you need more information, please visit our website, https://www.kakou.tour.com

Good Tour Company

1　How much will Tour B cost if 3 people over 20 join the tour?
　ア　$24　　イ　$36　　ウ　$38　　エ　$48

2　How much will Tour C cost if 8 people over 20 join the tour?
　ア　$144　　イ　$154　　ウ　$160　　エ　$176

3　Which is true about Tour A?
　ア　Tour A is the easiest course of the three.
　イ　Tour A is as hard as Tour C.
　ウ　Tour A is more expensive than Tour B.
　エ　Tour A is the hardest course of all.

4　Which is true about Tour A, B and C?
　ア　All teenagers can attend Tour C.
　イ　All tours need drinks, towels and a raincoat.
　ウ　All people in Tour B need a parents' permission.
　エ　All tours will be cancelled if there are not enough people.

5　Which is **NOT** true about the advertisement?
　ア　Kakoudake is in the southern part of Kagoshima.
　イ　If you have any questions about the tours, you must call the tour company.
　ウ　All the tours can be cancelled because of the weather.
　エ　People in Tour C can reach the summit.

4 次の対話を読み，問いに答えなさい。

Taishi is a Japanese student at Kagoshima High School. He is talking with Mr. Scott, an ALT at his school.

Taishi : Excuse me, Mr. Scott. I have a problem. Could you help me?

Mr. Scott : Sure, you look very nervous. What's wrong?

Taishi : There will be an English speech contest at our school festival. I want to take part in it. It will be my first time to speak English in public.

Mr. Scott : Oh, that's nice. What's the problem?

Taishi : I like English, but I don't know (①) to make a speech in English. I have never done it before, so I'm very worried about it.

Mr. Scott : Well, what do you want to talk about?

Taishi : I want to talk about a Japanese historical person, Saigo Takamori. I'd like to present what he *achieved in his life and what he was like. [ア]

Mr. Scott : Oh, I know his name. He was the main character of a series of TV dramas, wasn't he?

Taishi : Yes, he was. I watched all of them and then I liked him better than before. He is my hero and I think many people, especially in Kagoshima, also regard him as a hero.

Mr. Scott : Why is he a hero in Kagoshima?

Taishi : It's because he worked hard and established the *foundation of modern Japan. He is one of the most important people of the *Meiji Restoration. *Besides, it is said that he was *generous, open-minded and many people respected him in the era. Further, he was born and grew up in Kagoshima, so he is very *familiar to us. I have come to love Japanese history because of him.

Mr. Scott : Great! Taishi, you have a lot of good ideas for your speech. Now, here are some points when you make a speech. First, talk about your ideas and opinions clearly in your speech.

Taishi : I see. [イ]

Mr. Scott : One more thing. Don't use difficult words in your speech. If people don't know the meaning of the words, they won't understand your speech.

Taishi : Thank you, Mr. Scott. I'll try to use ②(e_____) English to *make myself understood in the speech contest.

Mr. Scott : Good luck. Do your best, Taishi!

After the school festival, Taishi is talking with Mr. Scott again.

Taishi : Thank you for your advice for the speech contest. It was an ③(excite) and good experience for me.

Mr. Scott : You made a good speech, Taishi. I enjoyed listening to it. Your speech was so interesting that I went to the library to borrow some books about Saigo Takamori. I'm now reading them. Those books are written in Japanese, so it's not easy for me to read them, but I'm trying hard to learn about him. By the way, how (④) weeks did you need to get ready for your speech?

Taishi : About three weeks.

Mr. Scott : Oh, you worked very hard! And you didn't look at your paper while making your speech at the contest. Did you prepare a lot for the speech?

2022(R4) 鹿児島高
K 教英出版

Taishi　: Yes, I did.　Our English teacher, Ms. Tanaka, said, "If you read your speech aloud many times, you will remember it well. [⑤] Try hard and don't be afraid of making mistakes."　I followed her advice. [ウ]

Mr. Scott　: She is right, Taishi.　You did a good job.　Please continue to study Japanese history and English.

Taishi　: Thank you, Mr. Scott.　I will.

（注）achieved : 成し遂げた　　foundation of modern Japan : 近代日本の基礎
Meiji Restoration : 明治維新　　besides : その上　　generous : 心が広い
familiar : よく知られている　　make myself understood : 自分が言うことを相手に分かってもらう

問1　本文中の（ ① ）に入る語を，ア～エから選び，その記号を書け。
ア　what　　イ　when　　ウ　how　　エ　which

問2　下線部②の（　　）に入る語を，与えられた文字に続けて書け。

問3　下線部③の（　　）内の語を，適当な形にせよ。

問4　本文中の（ ④ ）に入る語を，ア～エから選び，その記号を書け。
ア　long　　イ　soon　　ウ　many　　エ　often

問5　文脈に合うように，本文中の [⑤] に入る最も適当な英語を，ア～エから選び，その記号を書け。
ア　Time is money.
イ　Practice makes perfect.
ウ　To see is to believe.
エ　No news is good news.

問6　下の英文は，本文中の [ア] ～ [ウ] のどの場所に入れるのが適当か。1つ選び，その記号を書け。

Vague messages always make speeches boring.　　（注）vague : あいまいな

問7　次の英文は，Mr. Scott が母国の友人（Mac）に宛てたメールである。本文の内容に合うように①～⑤の（　　）内に入る最も適当な英語1語をそれぞれ書け。ただし，与えられた文字に続けて書け。

Hi Mac,

Last week, I listened to a wonderful ①(s　　　) which Taishi made at the school festival. Have you ever heard of Saigo Takamori?　He is a historical Japanese person.　He ②(b　　　) the foundation of modern Japan and was ③(r　　　) by many people in those days.　Taishi is a ④(b　　　) fan of him.

I didn't know much about Saigo Takamori, but I've also become ⑤(i　　　) in him after Taishi's performance in English.　I've come to love Japan more and more!

5 次の英文を読み，問いに答えなさい。

One day, a boy, Jack, found a girl crying when he was walking in a forest. ①He (speak) to her, and then she (tell) him that her name was Olivia. Surprisingly, she was the princess of his country.

"Why are you crying, princess?"

"Our country may be attacked by a neighbouring country. If we can't answer a quiz, a bad king named Strongbone is going to attack our country."

"That's *horrible. What is the quiz?"

"There is a Giant Monster living in the forest between King Strongbone's country and our country. King Strongbone ordered us to weigh the Monster. I have no idea how to weigh such a big Monster."

She started crying again. He thought deeply about how to help her and their country. Finally, he had an idea and told her about a way to save the country.

He knew a doctor who used a *magical powder. The powder would allow *patients to sleep well. He went to the doctor and got a bottle of the powder. On the bottle, he could see the instruction as follows.

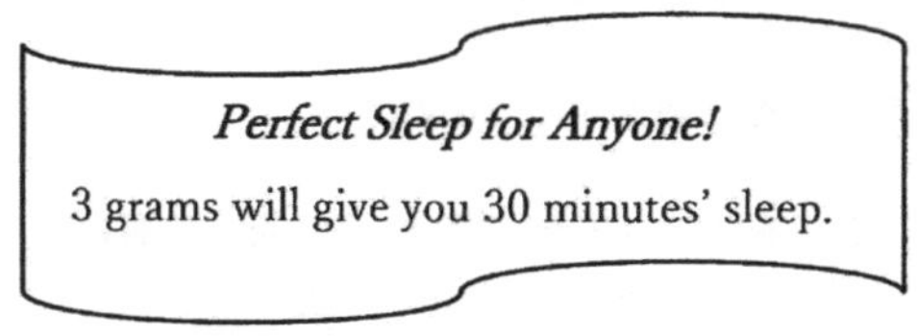

Perfect Sleep for Anyone!
3 grams will give you 30 minutes' sleep.

He read the instruction carefully and then went to a *riverside in the forest to wait for the Monster.

After a while, the Monster came to the river and *dipped his bucket into it. He drank the water in the bucket. Then he drank again. While he wasn't paying attention, Jack ran behind the Monster and threw the magical powder into the bucket. The Monster drank it and soon fell asleep.

Then, Olivia sailed up the river on a big ship with a lot of people.

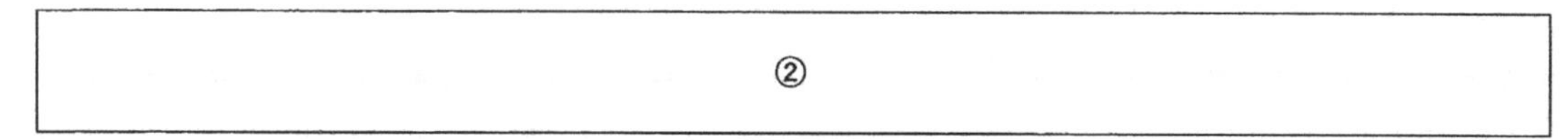

Jack *summed up all the weight of the people on board. The total was three thousand kilograms. When Jack, Olivia, and all the other people got on the ship and started to sail down the river to their village, the Monster just woke up. Actually, the monster slept for two hours. Jack's plan succeeded perfectly.

King Strongbone thought his quiz was too difficult to answer. ③He was sure that (　　　　　　　　) his quiz, so he was surprised to see the princess come to his *palace. She showed her answer to the quiz to him.

"You did well, but you must answer this last question within one minute: What do I want to say to you?"

King Strongbone said this and then gave her the two pieces of paper below.

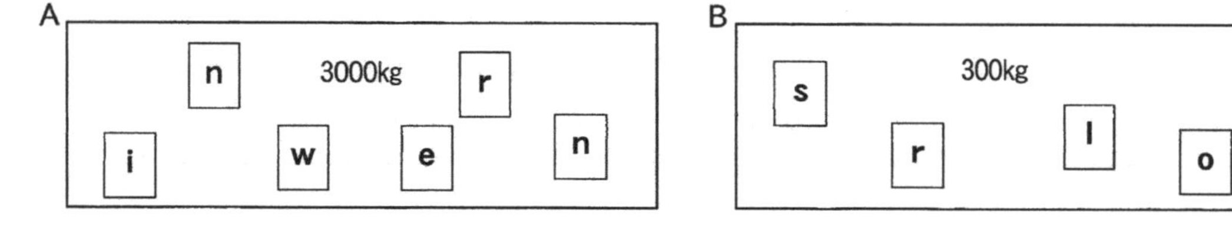

She knew the weight of the Monster, so she chose the paper which said the number of the Monster's weight. Then by using the letters on the paper, she successfully made a word. She answered the last quiz, then King Strongbone nodded with surprise.

King Strongbone thought that there could be a lot of smart people in Olivia's country, so it would be *useless to attack the country. Finally, he (④) attacking the country.

Now Olivia and Jack are happy to live in their peaceful country.

(注) horrible：ひどい　magical powder：魔法の粉　patients：患者　riverside：川岸
dipped：浸した　summed up：合計した　palace：宮殿　useless：無駄な

問1 下線部①が「彼が彼女に話しかけると，彼女は名前がOliviaだと言った。」という文になるよう，(　　)内の語を適切な形に直せ。

問2 以下の英文は，[　②　]に入る文章である。正しい順番になるように並べかえ，記号で答えよ。

ア Olivia and the people carried the Monster onto the ship.
イ At last, some of them got on the ship again until the water reached the line.
ウ Next, Olivia marked the top of the water on the side of the ship.
エ Then they got off the ship and left the Monster on the ship.
オ After marking, they carried the Monster back off the ship.

問3 文脈に合うように，下線部③の（　　）に**3語**入れ，英文を完成させよ。

問4 （ ④ ）に入る語(句)をア～エから選び，その記号を書け。

ア decided　イ started　ウ looked for　エ gave up

問5 JackはMonsterのバケツに魔法の粉を何グラム入れたと考えられるか。**数字**で答えよ。

問6 Oliviaが選んだ紙は，A，Bのどちらか。また，彼女が作った**英単語**を書け。ただし，Monsterの飲んだ水の量は，体重を左右しないものとする。

問7 本文の内容に合うものをア～オから2つ選び，その記号を書け。

ア Olivia lives in a country next to King Strongbone's country.
イ Jack helped Olivia because he wanted to be the king of her country.
ウ Jack asked a doctor to make a magical powder for patients to sleep.
エ Monster didn't notice when Jack put a magical powder into a bucket.
オ Olivia and Jack could not answer all of King Strongbone's questions.

令和４年度

学校法人
津曲学園　**鹿児島高等学校入学試験問題**

第４時限

社　　　会

（50分）

（注　　意）

1　「始め」の合図があるまで，開いてはいけません。

2　問題用紙は表紙を入れて10ページあります。これとは別に解答用紙が１枚あります。

3　「始め」の合図があったら，解答用紙の志望学科・コースの所定の欄に○印をし，受験番号を記入しなさい。

4　答えは，**すべて解答用紙に記入しなさい。**

5　「やめ」の合図があったら，すぐに筆記用具を置きなさい。

1 次のⅠ～Ⅲの問いに答えなさい。答えを選ぶ問いについては1つ選び，その記号を書きなさい。

Ⅰ　次の略地図中のA国～D国を見て，1～6の問いに答えよ。

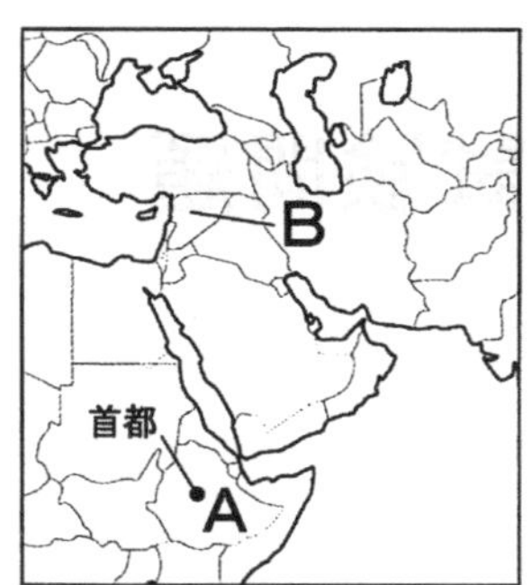

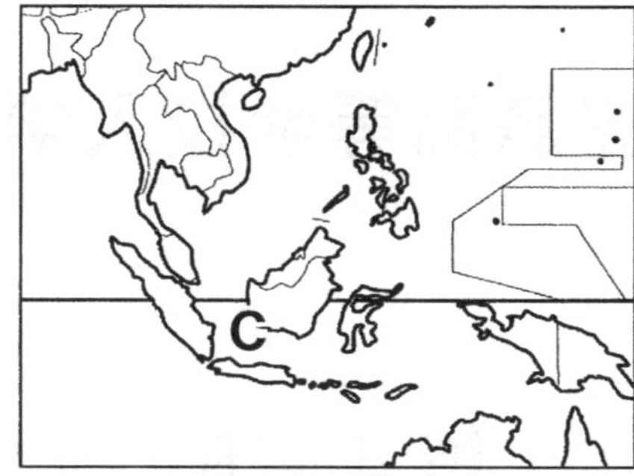

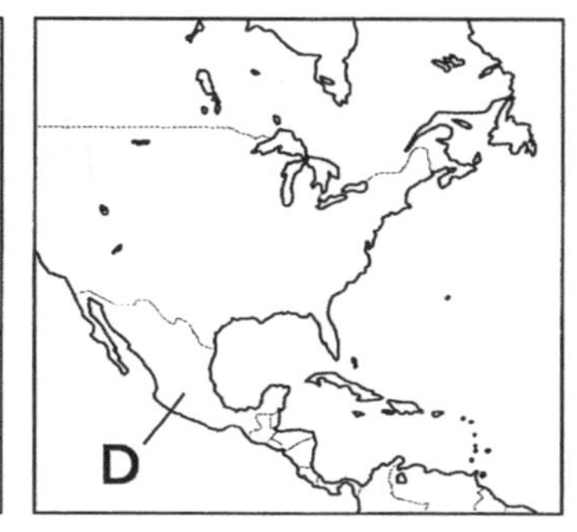

1　略地図中のA国の首都に本部があり，アフリカにおける様々な問題の解決に向けて協力するために，2002年に結成された組織名を答えよ。

資料1　A国の人口ピラミッド（2017年）

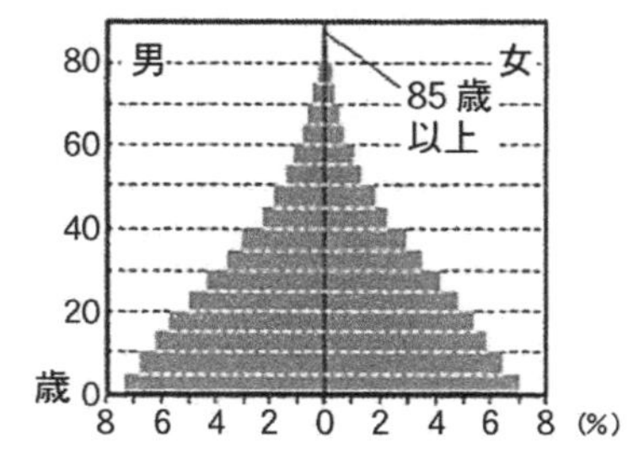

2　**資料**1は，略地図中のA国の人口ピラミッドである。このような人口ピラミッドの型と，このような型が見られる国々の組み合わせとして適当なものはどれか。

ア（つりがね型　　発展途上国）
イ（つりがね型　　先進工業国）
ウ（富士山型　　発展途上国）
エ（富士山型　　先進工業国）

3　略地図中のB国からは，2021年に結成された東京オリンピック選手団に7人が所属していた。内戦や経済的混乱などが原因で国外に移住した人たちで結成されたこの選手団名を**漢字2字**を使って答えよ。

4　**資料**2は，略地図中のC国の1985年と2019年における輸出総額と主な輸出品の割合を表している。**資料**2から読み取れることとして適当なものはどれか。

ア　1985年の輸出品上位5品目中に，鉱産資源は1品目だけである。
イ　1985年の木製品の輸出額は，2019年の衣類の輸出額とほぼ同じである。
ウ　2019年のパーム油の輸出額は，1985年の輸出総額の約85%に相当する。
エ　2019年の機械類の輸出額は150億ドル以上の金額である。

資料2　C国の輸出品の割合（%）

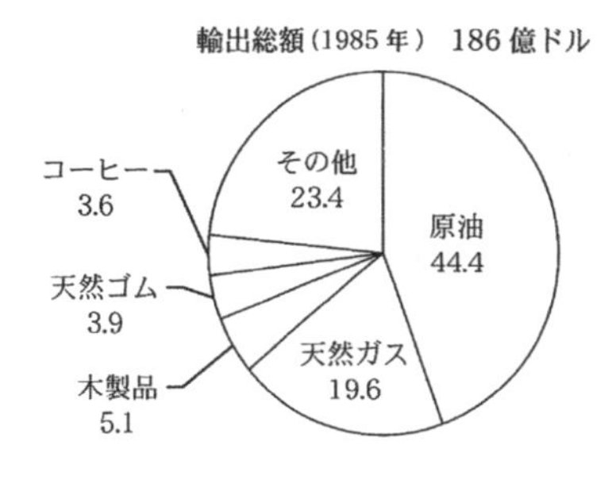

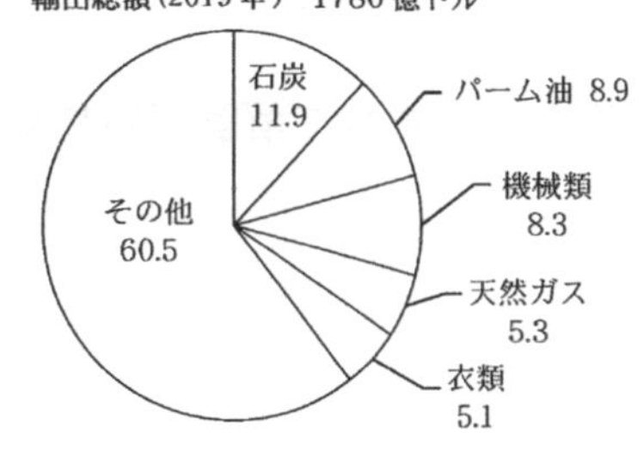

（『データブック　オブ・ザ・ワールド　2021』などより作成）

5　**資料３**は，中学生が調べ学習の一環として，略地図中のＣ国に関する新聞の記事に興味を持ち，動物園を訪問し，まとめたレポートの一部である。**資料３**の［X］・［Y］に適することばを補い，これを完成させよ。

資料３

右は動物園内にいるオランウータンのイラストです。オランウータンは東南アジアの熱帯林に生息していますが，その数は急速に減少しています。背景には，パーム油の生産が関係していることを知りました。

【パーム油の生産が増加している背景と熱帯林の急速な減少】

パーム油はその利便性から，生活用品や食品に欠かすことの出来ない油となっています。しかし，製品にはほとんど「パーム油」という表示はなく「食物油」，「食物油脂」，「マーガリン」などのことばで表示され，消費者はそれが使用されている事実をほとんど知ることはありません。パーム油は収穫した［X］から得られますが，一定の価格で安定した供給ができ，生産が増加しています。東南アジアの国々で，植民地時代に天然ゴムやコーヒーなどを生産するためにつくられた大規模な農園である［Y］は，第二次世界大戦後，現地の人々によって経営されるようになり，近年は［X］の農園を造るために大規模開発が進み，生息地である島の熱帯林が減少しているのです。

6　**資料４**は，略地図中のＤ国や中央アメリカの国々とアメリカ合衆国の１人当たりの国民総所得（ドル）を比較したものであり，**資料５**は，アメリカ合衆国の州の人口構成のうち，ある人口の割合が30％を超えている州を示したものである。**資料５**で示されている人々を何というか答えよ。また，これらの資料より読み取れることとして，適当な文はどれか。

資料４　１人当たり国民総所得（2018年）

国　名	所得額（ドル）
アメリカ合衆国	63,200
メキシコ	9,180
エルサルバドル	3,820
ニカラグア	2,020

資料５　ある人口の構成割合が30％以上の州（2019年）

州　名	割合（％）
ニューメキシコ	49.3
テキサス	39.7
カリフォルニア	39.4
アリゾナ	31.7

（いずれの資料も『データブック　オブ・ザ・ワールド 2021』から作成）

ア　１人当たりの国民総所得にアメリカ合衆国とメキシコや中央アメリカの国々では大きな開きはないが，高い賃金を求めてアメリカ合衆国北東部の州に移民として就労している。

イ　１人当たりの国民総所得にアメリカ合衆国とメキシコや中央アメリカの国々では大きな開きがあり，高い賃金を求めてアメリカ合衆国北東部の州に移民として就労している。

ウ　アメリカ合衆国に移民としてやってきた彼らは多くがスペイン語を話し，働く機会を求め，アメリカ合衆国南西部の州で多くが就労している。

エ　アメリカ合衆国に移民としてやってきた彼らは多くがポルトガル語を話し，働く機会を求め，アメリカ合衆国南西部の州で多くが就労している。

Ⅱ　次の略地図を見て，１～７の問いに答えよ。

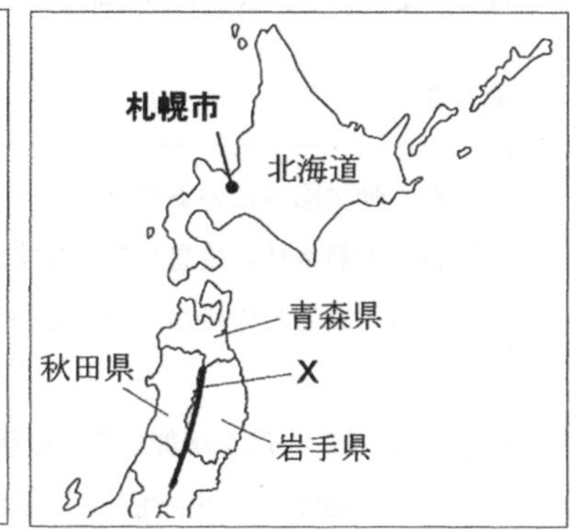

1　略地図中の**札幌市**のように，人口が50万人以上で，都道府県の権限が一部委譲されている都市を何というか。

2　次の数字は北海道，青森県，岩手県，鹿児島県における2019年の１農家あたりの耕地面積(ha)を表している。**北海道**はどれか。

ア　3.41　　イ　1.89
ウ　25.81　　エ　2.29

3　略地図中のXで示した山脈を何というか。

4　**資料１のA～C**は，青森県，秋田県，宮崎県，鹿児島県の太陽光，風力，地熱のいずれかの発電量を表したものである。Aにあてはまるものはどれか，次の文を参考に答えよ。

資料１　太陽光・風力・地熱の合計発電量

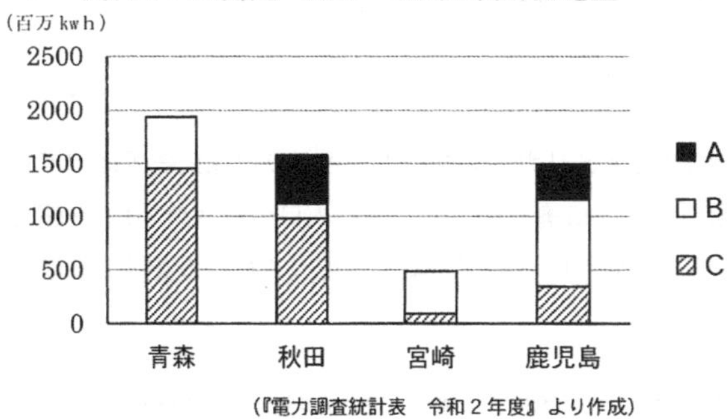

(『電力調査統計表　令和２年度』より作成)

Aを利用した発電は，B・Cを利用した発電とは異なり，季節や天候・昼夜を問わず，安定して発電できるメリットがある。

5　**資料２のア～オ**は，略地図中５県の農業産出額に占める割合を示したものである。**青森県**にあてはまるものはどれか。

資料２　農業産出額に占める割合（2019年）（%）

県名	米	野菜	果実	畜産
ア	21.3	11.1	4.6	59.0
イ	4.3	11.4	2.2	65.2
ウ	56.2	16.7	3.9	19.5
エ	5.2	19.5	3.8	64.4
オ	17.2	25.9	25.7	28.1

(『データブック　オブ・ザ・ワールド2021』から作成)

6　略地図中の青森県，宮崎県，鹿児島県は，ある事項に関して全国の上位３位までを占めている。その事項として適当なものはどれか。

ア　生産額ベースの食料自給率　　イ　在留外国人数
ウ　人口増加率　　エ　１人当たりの県民所得

7　東北地方では，青森県の津軽塗や岩手県の南部鉄器など，地元の森林資源や鉱産資源を利用したさまざまな工芸品が作られてきた。それに関して述べた次の文の[　　　　　　　]に適することばを補い，文を完成させよ。ただし，以下の指示に従うこと。

※　季節名を書くこと。

※　「**副業**」ということばを使用すること。

※　**15 字以上 25 字以内**で答えよ。

> こうした工芸品は，[　　　　　　　]として作られ，その製造技術は受け継がれ，現在でも伝統産業として続いている。

Ⅲ　次の地図は，中学生が，土石流の被害が発生しやすい地形について調べたものである。地図の範囲内に大雨が降った場合，土石流の発生の危険性が最も高い場所は，地図中の地点Ａ～Ｄのどこと考えられるか，適当なものを答えよ。

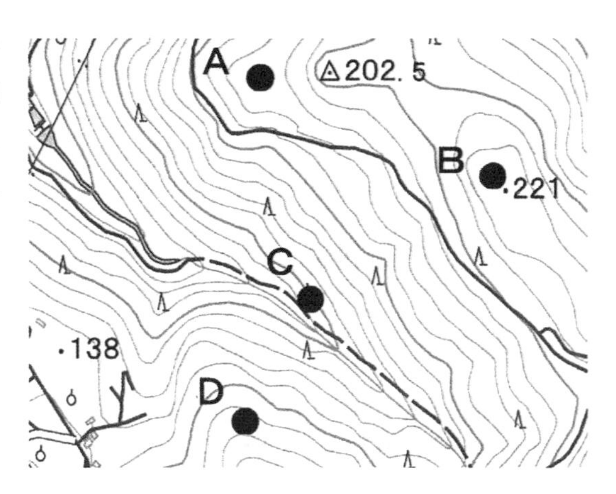

2 次の資料は，2021 年の 9 月から 10 月にかけての，新聞の見出しの一部である。これを見て，1～8の問いに答えなさい。答えを選ぶ問いについては１つ選び，その記号を書きなさい。

ⓐ日本国憲法施行後最短，内閣総理大臣就任後 10 日で任期満了直前のⓑ衆議院解散，総選挙実施
採択から６年「ⓒ持続可能な開発目標」への取り組みを加速させるためのイベント国連本部で開催
「ⓓTOKYO2020」東京オリンピック・パラリンピック全日程終える
新型コロナ感染拡大防止に向けてⓔ予防接種進む
ⓕ北方領土での元島民墓参，今年も新型コロナの影響で中止
ⓖ外国為替相場，１ドル 114 円台２年 11 カ月ぶり，円高傾向から一転円安に
新型コロナ収束後のⓗ好景気をめざす政策を

1　下線部ⓐに関して，国会は，日本国憲法の中でどのように位置づけられているか。次の X ・ Y にあてはまる語句を**漢字**で答えよ。

国会は，国権の X であつて，国の唯一の Y である。

2　下線部ⓑに関して，次の⑴～⑶の各問いに答えよ。

⑴　日本国憲法第７条にもとづき，衆議院を解散するのは誰か。
　ア　内閣総理大臣　　イ　衆議院議長　　ウ　天皇　　エ　国民

⑵　この衆議院議員総選挙の１つ前の衆議院議員総選挙は西暦何年に実施されたか。

⑶　この衆議院議員総選挙後に招集された国会はどれか。
　ア　臨時国会　　イ　通常国会　　ウ　緊急集会　　エ　特別国会

3　下線部ⓒに関して，次の⑴～⑶の各問いに答えよ。

⑴　「持続可能な開発目標」は，英語表記の一部をとって別に何と表されるか。**アルファベット４字**で書け。

⑵　「持続可能な開発目標」の３番目に“すべての人に健康と福祉を”という目標がある。日本国憲法第 25 条にも次のような条文がある。次の Z ・ W にあてはまる語句を**漢字**で答えよ。

すべての国民は，健康で Z な W の生活を営む権利を有する。

⑶　「持続可能な開発目標」の 13 番目に“気候変動に具体的な対策を”という目標がある。2015 年の締約国会議で，すべての国に温室効果ガスの削減目標を義務づけることが採択されたが，この国際的な枠組みを何というか。

4　下線部ⓓに関して，この大会期間中多くのボランティアが活躍し，世界中から日本のボランティアの方々の行動に対して多くの賞賛が寄せられた。様々な分野のボランティアなど，営利を目的とせず一般市民の方々が，主に国内を中心に社会貢献活動を行なう団体を**アルファベット３字**で何というか。

5　下線部ⓔに関して，予防接種は，日本の社会保障制度の４つの柱の１つに含まれる。予防接種は，４つの柱のうちどの柱になるか。**漢字４字**で答えよ。

6　下線部ⓕに関して，次の(1)・(2)の各問いに答えよ。

(1)　北方領土にある，日本政府が日本の最北端としている島は次のうちどれか。

ア　色丹島　　**イ**　国後島　　**ウ**　択捉島　　**エ**　水晶島

(2)　北方領土のように，国際社会では領土をめぐって，国家間の意見の違いが生じている場合がある。その背景のひとつに，領海の外側で，海岸線から200海里までの範囲で資源の開発や海洋調査を行えることがある。この範囲の水域を何というか。

7　下線部ⓖに関して円高・円安と貿易との関係を正しく述べた文はどれか。

ア　円高のときは，輸出品の現地での販売価格が低下し，日本は輸出がしやすくなる。

イ　円安のときは，輸出品の現地での販売価格が低下し，日本は輸出がしやすくなる。

ウ　円高のときは，輸入品の国内での販売価格が上昇し，インフレーションのひとつの原因となる。

エ　円安のときは，輸入品の国内での販売価格が上昇し，デフレーションのひとつの原因となる。

8　下線部ⓗに関して，好景気の時期における労働市場の変化を表したグラフとして適切なものはどれか。なお，Dは需要，Sは供給を示している。

ア

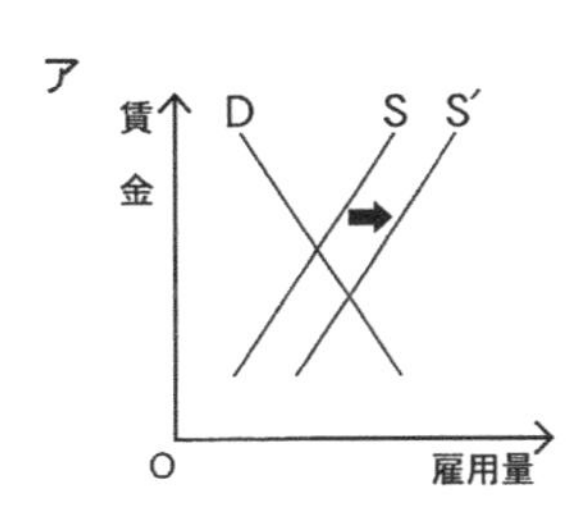

イ

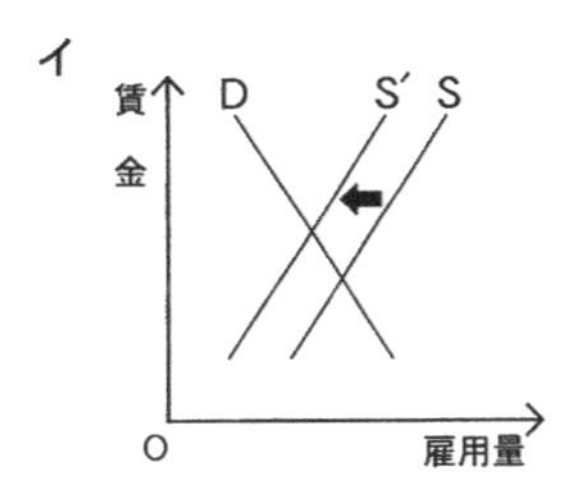

ウ

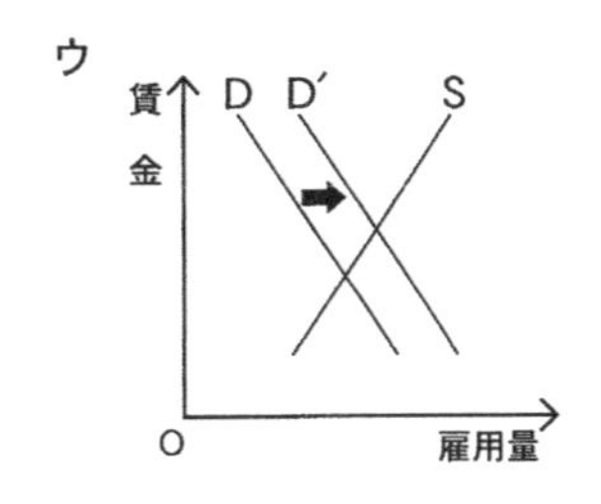

エ

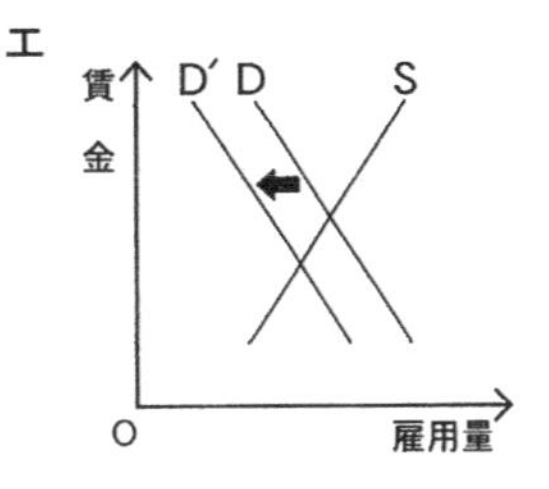

3 次のⅠ・Ⅱの問いに答えなさい。答えを選ぶ問いについては1つ選び，その記号を書きなさい。

Ⅰ　天然痘と人々の歴史についての文章を読んで，1～7の問いに答えよ。

ⓐ古代エジプトのミイラから天然痘ウイルスが検出されたという事実は，人々と天然痘ウイルスの長い歴史を物語る。古代の記録では，天然痘と他の感染症との区別は必ずしも明確ではないが，紀元前5世紀のギリシアや，2世紀のローマ帝国で疫病と記録された感染症は天然痘といわれる。ⓑ8世紀以後，世界各地で感染症は拡大し，やがて，16世紀のⓒアメリカにも広がった。

日本では，「日本書紀」の崇神天皇時代に流行した疫病が天然痘と考えられ，飛鳥時代の敏達天皇やⓓ用明天皇は天然痘により死去したといわれる。その後，「天平の疫病大流行」といわれる天然痘の感染拡大がおこり，ⓔ東大寺の大仏造立は感染拡大を鎮めることを目的の1つとしていた。古来，天然痘は身近で危険な病気であり，「独眼竜」で知られるⓕ伊達政宗の失明の原因も天然痘といわれている。

天然痘に対する日本人の対応は興味深い。江戸時代の小説にⓖ源為朝は八丈島で「痘鬼（とうき）」を退治したという話がある。天然痘は「痘鬼」として恐れられる悪鬼として描かれた。しかし，一方では「疱瘡神（ほうそうしん）」として祀（まつ）る伝統行事が全国各地に残っている。神に対する日本人特有の意識を感じさせる。

1　下線部ⓐとともにひつぎに納められた右資料についての説明として正しいものはどれか。

ア　パピルスに象形文字が記されている。
イ　パピルスにくさび形文字が記されている。
ウ　粘土板にくさび形文字が記されている。
エ　粘土板に象形文字が記されている。

2　下線部ⓑの世界情勢について，次の［X］・［Y］に適切な語を記入せよ。

この時代，中国では隋をたおした［X］が律令体制による国家を整備し，大帝国を建設した。都の長安は各地から使節や商人が訪れる国際都市となった。また，隣接する西方の［Y］世界においても，征服活動や商人たちの活動により，中央アジアから北アフリカにかけて［Y］教が拡大し，中心都市バグダッドも長安と同様に国際都市として栄えた。

3　下線部ⓒを含む16世紀の大西洋周辺地域の結びつきを右図にまとめた。A～Cに入る地域の組み合わせはどれか。

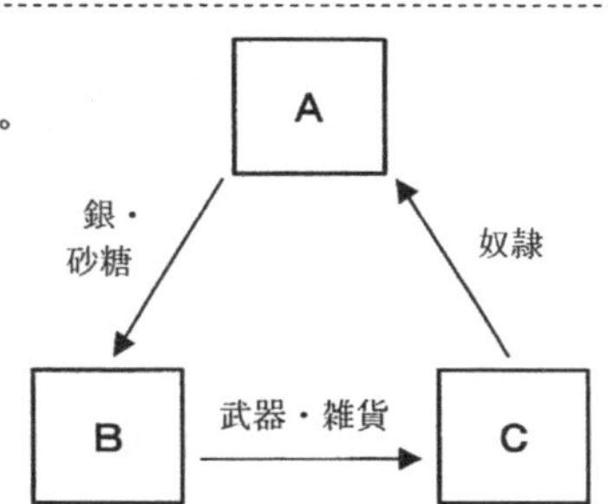

ア（A：アメリカ　B：アフリカ　C：ヨーロッパ）
イ（A：ヨーロッパ　B：アメリカ　C：アフリカ）
ウ（A：アメリカ　B：ヨーロッパ　C：アフリカ）
エ（A：ヨーロッパ　B：アフリカ　C：アメリカ）

4　下線部ⓓの子や蘇我氏が，天皇中心の政治制度を整えるために定めた下の法典名を答えよ。

一に曰く，和をもって尊しとなし，さからうことなきを宗とせよ。
二に曰く，あつく三宝を敬え，三宝とは仏・法・僧なり。
三に曰く，詔をうけたまわりては必ずつつしめ。

2022(R4) 鹿児島高
教英出版

5　下線部ⓔを命じた人物は誰か。

6　下線部ⓕなど，下剋上の風潮の中で頭角を現した有力者を何というか。

7　下線部ⓖの人物を右の源氏略系図より探し，次の文章にまとめた。
［Z］・［W］に入る語句の正しい組み合わせはどれか。

ⓖの人物は，後に鎌倉幕府を開く源頼朝と叔父と甥の関係にあたる人物である。ⓖは1156年の［Z］の乱において，父の［W］と協力して，ⓖの兄であり頼朝の父でもある人物と戦ったが，敗北し，伊豆大島に流された。

ア　（Z：承久　　W：為義）　　イ　（Z：保元　　W：為義）
ウ　（Z：保元　　W：義朝）　　エ　（Z：承久　　W：義朝）

源氏略系図

為義
├ 行家
├ 為朝
├ 義賢
└ 義朝
　├ 義経
　└ 頼朝

Ⅱ　Ⅰの文章に対する先生と生徒の会話文を読んで，1～6の問いに答えよ。

生徒：天然痘は，人間が唯一撲滅に成功した感染症と聞きました。どうやって撲滅できたのですか。

先生：直接的にはⓐ1798年のイギリス人ジェンナーによるワクチン（種痘）の開発成功でした。それ以前は人痘（人だけがかかる天然痘）ワクチン接種をしていましたが，危険度が高いため，ジェンナーは人痘に似た牛痘（人や牛がかかる天然痘）ワクチン接種（牛痘法）を開発しました。

生徒：でも，日本に入ってくるのはまだ後の時代ですよね。

先生：いいえ，中川五郎治という人物が初めて牛痘法を伝えたとされるのは1810年です。その後のⓑシーボルトやモーニッケなどの外国人医師が種苗を輸入し，さらに，当時の蘭学者が積極的な活動をしたようです。その結果，ⓒ1858年には江戸に種痘所が設けられます。しかし，依然として天然痘の脅威は続いており，1866年にはⓓ孝明天皇が天然痘で死去したとされています。その後，明治政府はⓔ1909年に種痘法を制定し，種痘が全国的に広がりました。日本ではⓕ1955年に天然痘は根絶され，世界でも1977年の報告を最後として，1980年に世界保健機関（WHO）は地球上からの天然痘根絶宣言を行いました。

生徒：天然痘を世界的感染症にしたのは世界のつながりだったわけですが，同時に天然痘を撲滅したのも世界のつながりなのですね。

1　下線部ⓐ前後の幕府の動きを右表にまとめた。［X］に入る法令名とその法令の目的を，解答欄に合わせて答えよ。

西暦	幕府の動き
1792	ロシアの貿易要求を拒否
1803	アメリカの貿易要求を拒否
1805	ロシアの貿易要求を拒否
1818	イギリスの貿易要求を拒否
1820	浦賀奉行に相模沿岸警護を指示
1825	［X］令を出す

2　下線部ⓑが長崎に作った私塾はどれか。

ア　適塾　　　　イ　蘐園塾（けいえん）
ウ　松下村塾　　エ　鳴滝塾

3　下線部ⓒに結ばれた次の内容の条約名を答えよ。

第一条　向後※1日本大君と，亜墨利加合衆国と，世々親睦なるへし…（後略）
第三条　下田・箱館港の外，次にいふ所の場所を，（中略）ひらくへし
　　神奈川（中略）長崎（中略）新潟（中略）兵庫…（後略）
第六条　日本人に対し，法を犯せる亜墨利加人は亜墨利加コンシュル裁判所※2にて吟味の上，
　　亜墨利加の法度をもって罰すへし…（後略）

※1　今後　　※2　領事裁判所

4　下線部ⓓのあとのできごとを古い順に並べ替えよ。

ア　版籍奉還　　イ　徴兵令　　ウ　鳥羽・伏見の戦い　　エ　（身分）解放令

5　下線部ⓔの年に暗殺された人物について調べ，次のようにまとめた。暗殺された理由について適切なものはどれか。

暗殺された人物の写真

調べて分かったこと
(1)　長州藩（現山口県）に生まれ，イギリスへの留学経験を持つ。
(2)　明治政府に出仕，外国事務係，参与，外国事務局判事などを経験した。
(3)　初代内閣総理大臣に就任し，大日本帝国憲法起草の中心となった。
(4)　初代韓国統監に就任し，韓国の内政に干渉した。

ア　憲法制定と，帝国議会開設に強く反対したため。
イ　韓国の皇帝を退位させ，軍隊の解散などを行ったため。
ウ　征韓論を主張し，政府を去ることとなったため。
エ　薩摩藩や長州藩中心の藩閥政治を批判したため。

6　下線部ⓕの年のできごとはどれか。

ア　国際連合が結成された。　　イ　朝鮮戦争が勃発した。
ウ　第1回原水爆禁止世界大会が開かれた。　　エ　日韓基本条約が結ばれた。

令和４年度

学校法人
津曲学園 **鹿児島高等学校入学試験問題**

第５時限

理　　　科

(50分)

（注　　意）

1　「始め」の合図があるまで，開いてはいけません。

2　問題用紙は表紙を入れて９ページあります。これとは別に解答用紙が１枚あります。

3　「始め」の合図があったら，解答用紙の志望学科・コースの所定の欄に○印をし，受験番号を記入しなさい。

4　答えは，**すべて解答用紙に記入しなさい。**

5　「やめ」の合図があったら，すぐに筆記用具を置きなさい。

1 次の文章を読み，以下の問いに答えなさい。

地球は46億年前に誕生し，その数億年後には最初の①単細胞生物が出現したと考えられている。②現在の地球には単細胞生物以外にさまざまな生物が存在しているが，それぞれの③生物が地球に現れた時期は異なっている。また，生物は当初水中に生息していたが，古生代になると一部の生物が④陸上へ進出し始め，現在に至っている。

1 下線部①について，次の生物の中で単細胞生物でないものはどれか。次の**ア**～**カ**から1つ選び，記号で答えよ。

ア アメーバ　**イ** ミドリムシ　**ウ** ハネケイソウ
エ ミジンコ　**オ** ゾウリムシ　**カ** ツリガネムシ

2 下線部②について，以下の問いa，bに答えよ。

a 現在地球に存在するすべての生物は，地球上に最初に現れた生物から変化していくことにより生じたと考えられている。この変化のことを何というか。

b 問いaの変化が起こったと考えられる証拠の一つとして「生物の体は細胞という共通の構造でできている」ということがあげられる。細胞内には核などさまざまな構造がみられるが，動物細胞ではみられず植物細胞でみられる特徴的な構造を**3つ**書け。

3 下線部③について，過去にいた生物の形，大きさなどの特徴を知る手がかりになるものを何というか。

4 下線部④について，以下の問いa～dに答えよ。

a 次にあげる生物のグループのなかで，最初に陸上へ進出した生物のグループとして最も適するものを，次の**ア**～**ウ**から1つ選び，記号で答えよ。

ア 植物　**イ** 動物　**ウ** 菌類

b 陸上へ進出した植物の一部は体が根，茎，葉の器官に分かれるようになった。根には根毛という構造が存在しているが，この構造の機能的な利点と異なるものを，次の**ア**～**エ**から1つ選び，記号で答えよ。

ア 小腸の柔毛　**イ** 肺の肺胞　**ウ** イヌの体毛　**エ** ウサギの耳

c　次にあげるセキツイ動物におこった変化のうち，陸上で生活するうえで必ずしも有利にはたらいたとは考えられないものを，次の**ア**～**オ**の中から１つ選び，記号で答えよ。

ア　ひれが足に変わった。
イ　カエルの成体は肺で呼吸するようになった。
ウ　トカゲの体表はうろこでおおわれた。
エ　鳥類の卵はかたい殻でおおわれた。
オ　２足で歩くものが現れた。

d　陸上へ進出したセキツイ動物から出現したホニュウ類は，生命活動で生じたアンモニアをどのように処理しているか。それを説明した次の文章中の空欄（　**あ**　）～（　**う**　）に適する語を答えよ。

ホニュウ類は（　**あ**　）でアンモニアを（　**い**　）に変えたのち，じん臓でつくられる尿として体外へ排出する。アンモニアが（　**い**　）に変えられるのは，アンモニアが細胞にとって（　**う**　）だからである。

2 次のⅠ・Ⅱについて，以下の問いに答えなさい。

Ⅰ **図1**はある地域の地形を等高線で表した地形図である。**図2**は**図1**中の**A**～**E**の各地点でボーリング調査を行い，その結果を示したものである。なお，この地域ではしゅう曲や断層，地層の逆転がないことが確かめられており，地層はある一定方向へ傾いていることが分かっている。以下の問いに答えよ。

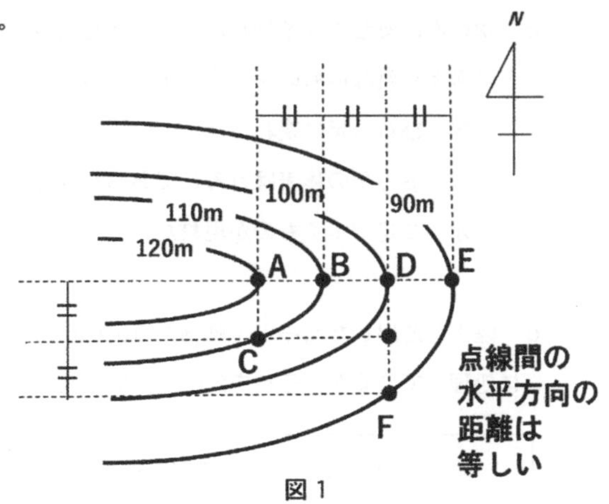

図1

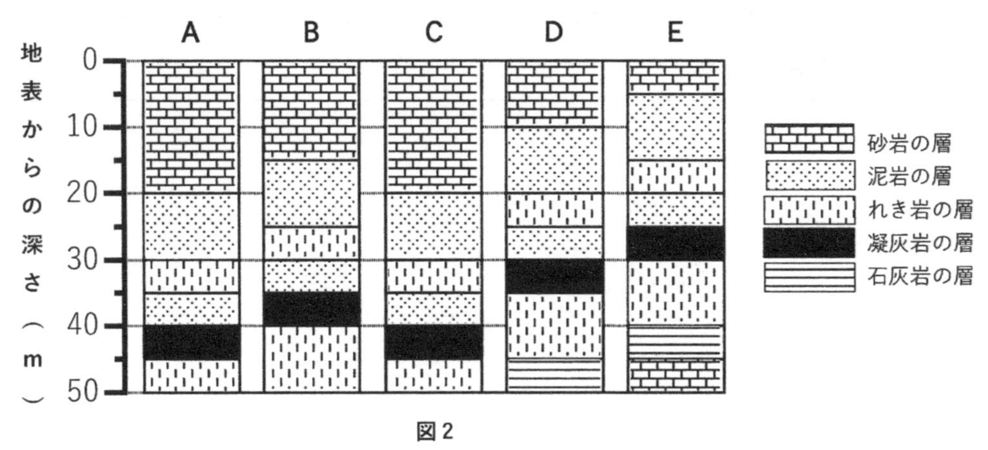

図2

1 **図2**のような地層の重なりを模式的に表したものを何というか。漢字で答えよ。

2 れき，砂，泥は粒の大きさによって分類されている。れきの粒の大きさは何mm以上か。次の**ア**～**オ**から最も適当なものを選び，記号で答えよ。

ア 8mm **イ** 5mm **ウ** 2mm **エ** 0.8mm **オ** 0.06mm

3 **図2**中の凝灰岩の層は，すべて同じ火山の，同じ時期の噴火の火山灰が堆積してできたものであることが分かった。

(1) 地点**F**では，地表から何mの深さのところから凝灰岩の層が見え始めると考えられるか。次の**ア**～**カ**から最も適当なものを選び，記号で答えよ。

ア 20m **イ** 25m **ウ** 30m **エ** 35m **オ** 40m **カ** 45m

(2) この地域の地層はどの方位に傾いているか。次の**ア**～**ク**から最も適当なものを選び，記号で答えよ。ただし，「傾いている」とは，その向きに低くなっていることを意味する。

ア 北 **イ** 東 **ウ** 南 **エ** 西
オ 北西 **カ** 北東 **キ** 南西 **ク** 南東

2022(R4) 鹿児島高
教英出版

Ⅱ　次の文章を読んで以下の問いに答えよ。

右の図１は，標高Ｘ〔ｍ〕の山を越えて，Ａ→Ｂ→Ｃ→Ｄと空気のかたまりが移動する様子を表している。風上のＡ地点（標高０ｍ）の空気の温度は，20℃であった。この空気が山に沿って上昇し，標高 800m のＢ地点から山頂のＣ地点までは，雲が発生して雨が降っている。Ｃ地点から風下のＤ地点（標高０ｍ）までは，雲は発生していない。なお，空気の温度は標高が 100m 変化するごとに，雲が発生していない場合は１℃，雲が発生している場合は 0.5℃変化する。標高による露点の変化はないものとし，飽和水蒸気量は下の表１を参考にすること。

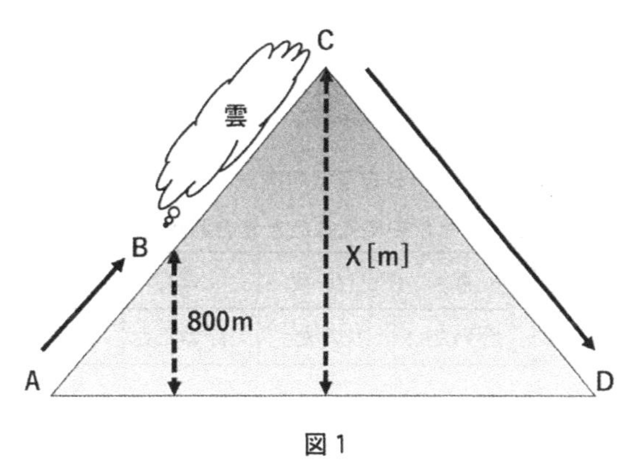

図１

表１　空気の温度と飽和水蒸気量の関係

空気の温度〔℃〕	5	6	7	8	9	10	11	12	13	14	15
飽和水蒸気量〔g/m³〕	6.8	7.3	7.8	8.3	8.8	9.4	10.0	10.7	11.4	12.1	12.8
空気の温度〔℃〕	16	17	18	19	20	21	22	23	24	25	26
飽和水蒸気量〔g/m³〕	13.6	14.5	15.4	16.3	17.3	18.3	19.4	20.6	21.8	23.1	24.4

１　空気が山の斜面に沿って上昇していくと，雲が発生することがある。次の文章は，そのしくみについて述べたものである。文章中の空欄（　ア　），（　イ　）に適する語を答えよ。

> 水蒸気を含む空気のかたまりが上昇すると，上空の（　ア　）が低いため，膨張して（　イ　）が下がる。（　イ　）が下がり続けると，やがて水蒸気は水滴や氷の粒となり，これらが集まって雲が発生する。

２　雲が発生したＢ地点の空気の温度は何℃か。

３　Ａ地点の湿度は何％か。四捨五入して**整数**で答えよ。

４　Ｄ地点の空気の温度が 23℃であった。このことからＣ地点の標高Ｘ〔ｍ〕を求めよ。

3 次のⅠ・Ⅱについて，以下の問いに答えなさい。

Ⅰ　家の中にある４種類のプラスチックを小片に切り取った**A**～**D**を用意し，液体中に入れて浮き沈み(うきしずみ)を調べる実験を行った。ただし，水の密度は 1.00g/cm^3 であり，各小片は１種類のプラスチックのみで構成されているものとする。

【実験１】小片**A**～**D**を空気の泡がつかないように静かに水の中に入れたところ，**表１**の結果となった。

表１　水の中に入れたときの浮き沈み

A	B	C	D
浮いた	沈んだ	浮いた	沈んだ

【実験２】ある濃度の塩化ナトリウム水溶液でも同様の操作を行ったところ，**表２**の結果となった。

表２　ある濃度の塩化ナトリウム水溶液の中に入れたときの浮き沈み

A	B	C	D
浮いた	浮いた	浮いた	沈んだ

また，身の回りで利用されているプラスチックの密度を**表３**に示す。

表３　プラスチックの密度

種類	ポリエチレン	ポリプロピレン	ポリスチレン	ポリエチレンテレフタラート
密度〔g/cm^3〕	0.92 ～ 0.97	0.90 ～ 0.91	1.05 ～ 1.07	1.38 ～ 1.40

以下の問いに答えよ。

1　プラスチックの小片を燃やすと，二酸化炭素を生じる。このような炭素をふくむ物質を何というか。

2　**実験２**で用いた塩化ナトリウム水溶液は，水 57.5cm^3 に塩化ナトリウム 12.5g を溶かした溶液で，その体積は 62.0cm^3 であった。この溶液の密度は何 g/cm^3 か。四捨五入して**小数第２位**まで答えよ。

3　実験結果より，小片**B**はどのプラスチックだと考えられるか。適するものを次の**ア**～**エ**から１つ選び，記号で答えよ。

ア　ポリエチレン　　**イ**　ポリプロピレン

ウ　ポリスチレン　　**エ**　ポリエチレンテレフタラート

令和四年度

国語 解答用紙

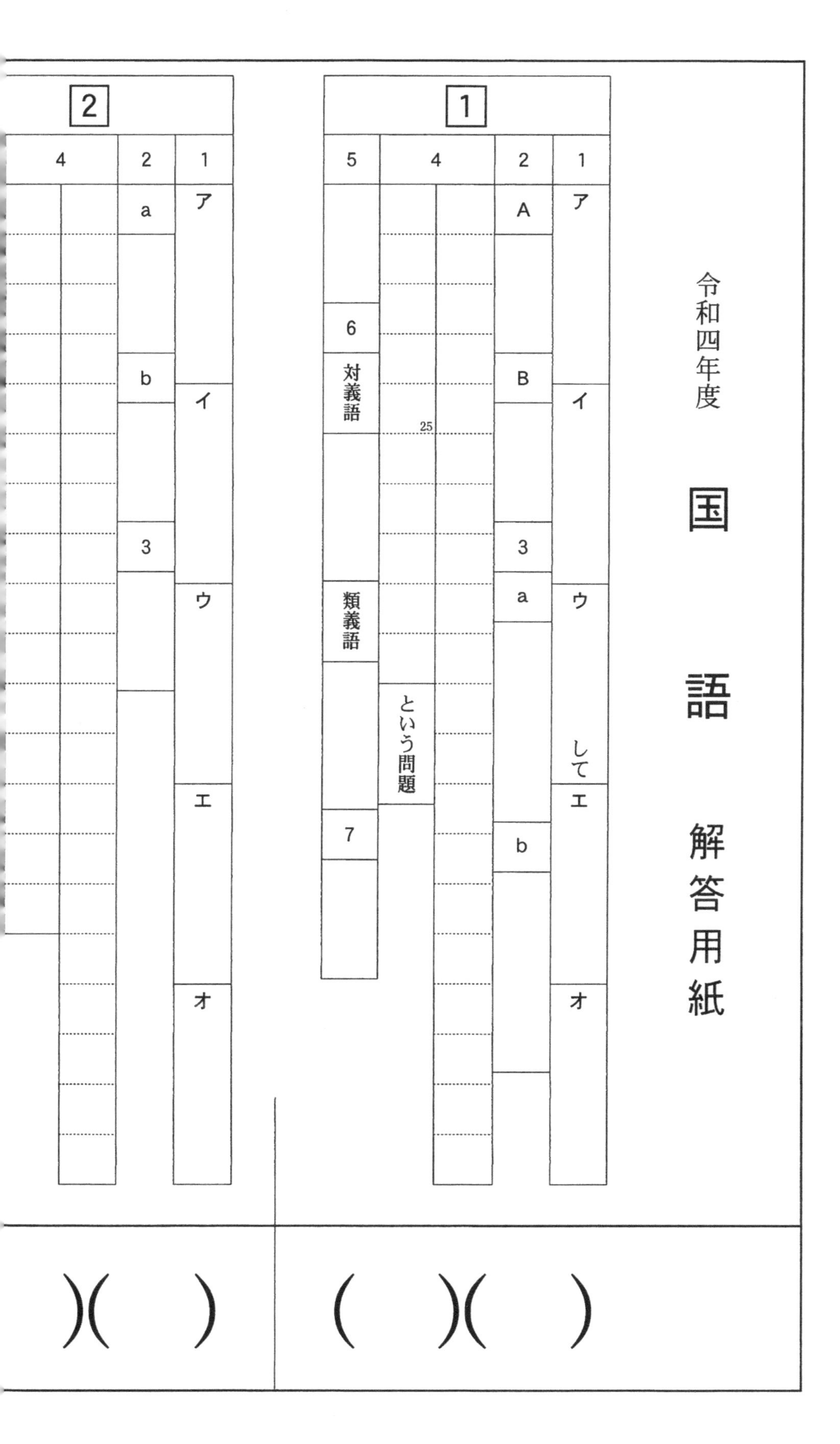

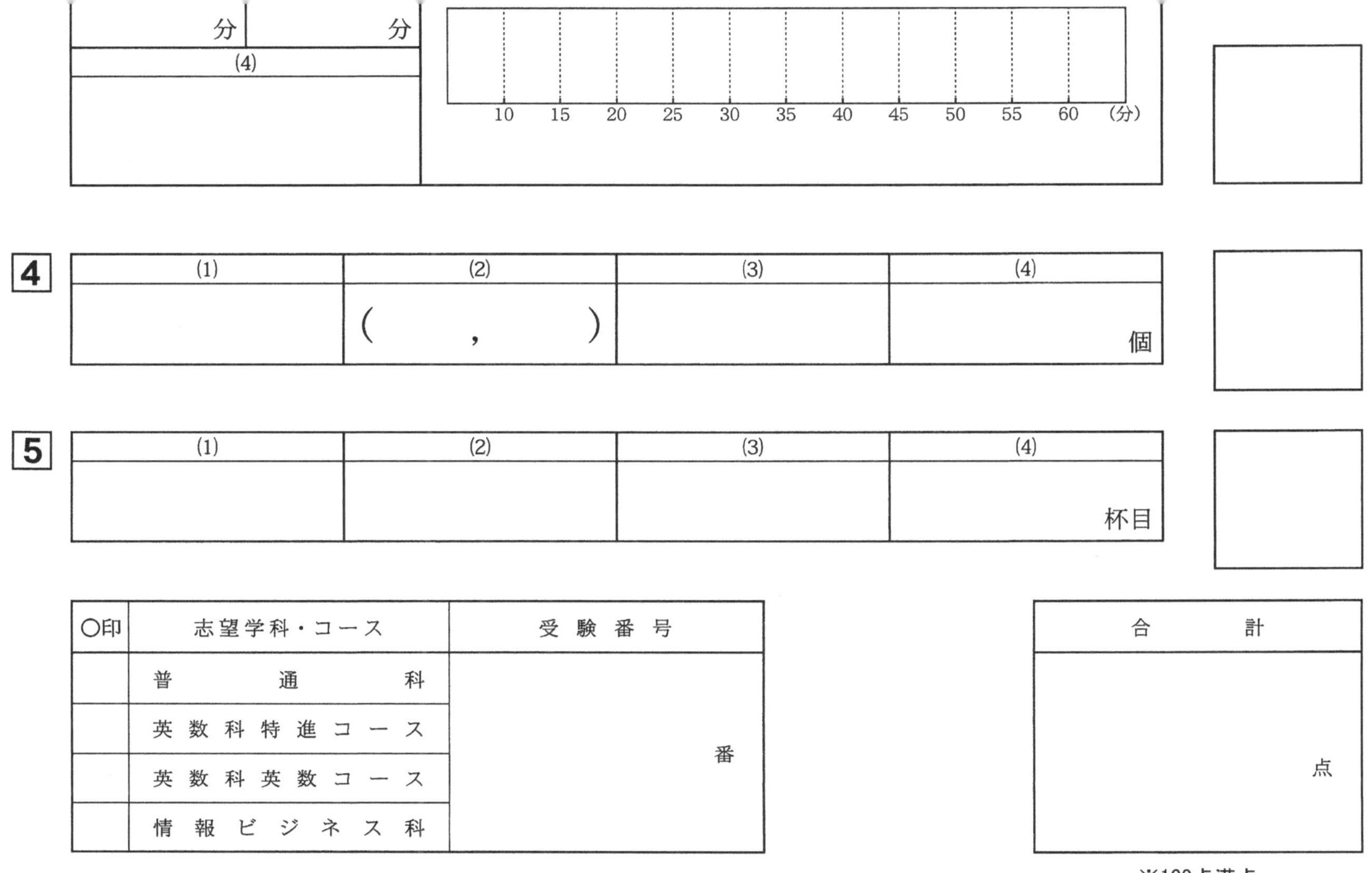

※100点満点
（配点非公表）

5

問1	①	He ( ) to her, and then she ( ) him that her name was Olivia.
問2	②	→ → → →
問3	③	He was sure that (_____ _____ _____) his quiz,

問4	④		問5	グラム

問6	選んだ紙		作った英単語	

問7		

(順不同)

○印	志望学科・コース	受験番号
	普通科	番
	英数科特進コース	
	英数科英数コース	
	情報ビジネス科	

合計
点

※100点満点
(配点非公表)

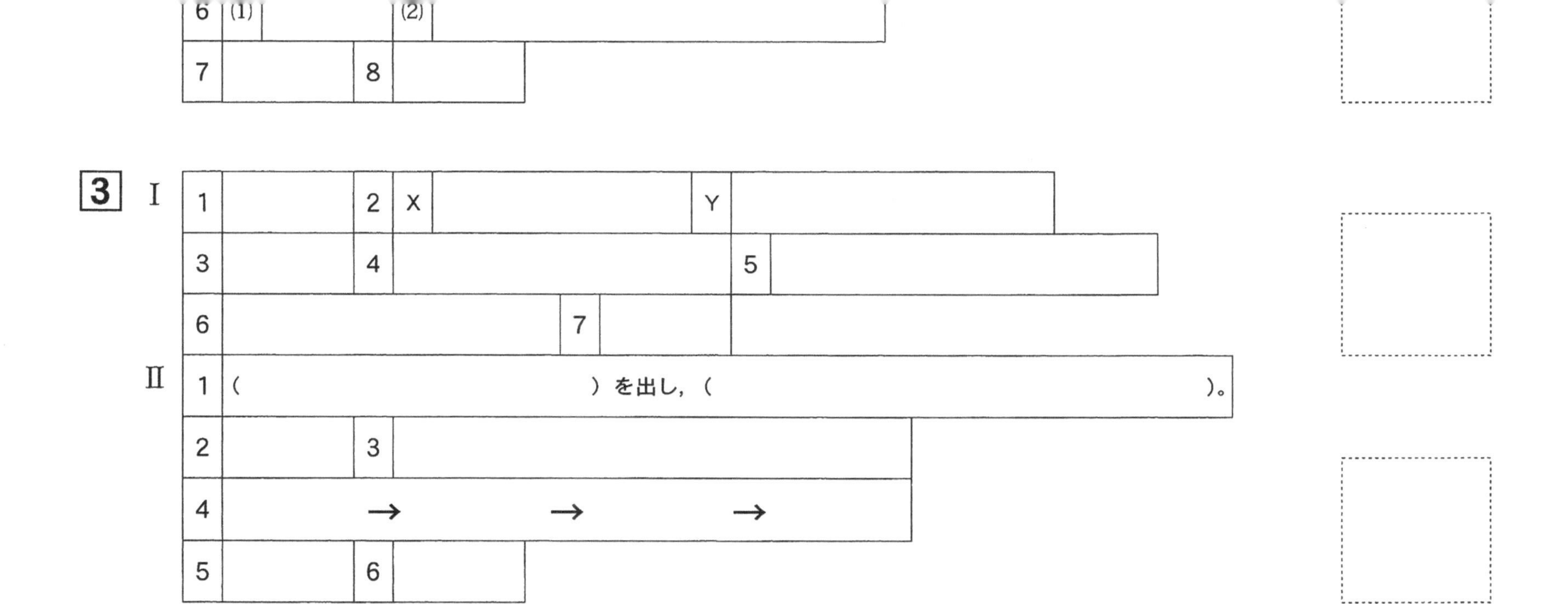

○印	志望学科・コース	受験番号
	英数科特進コース	番
	英数科英数コース	

合計
点

※100点満点
（配点非公表）

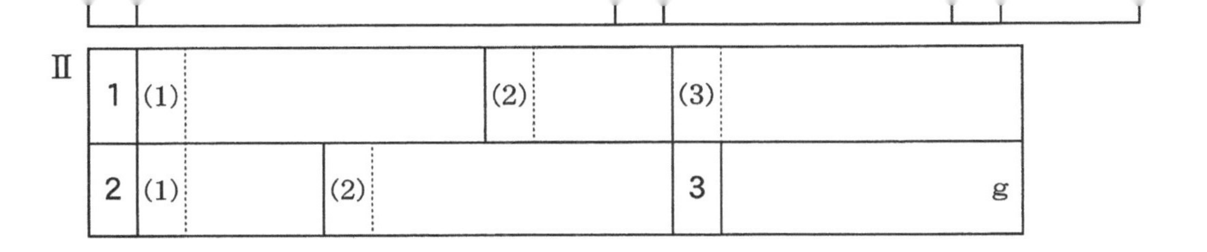

4

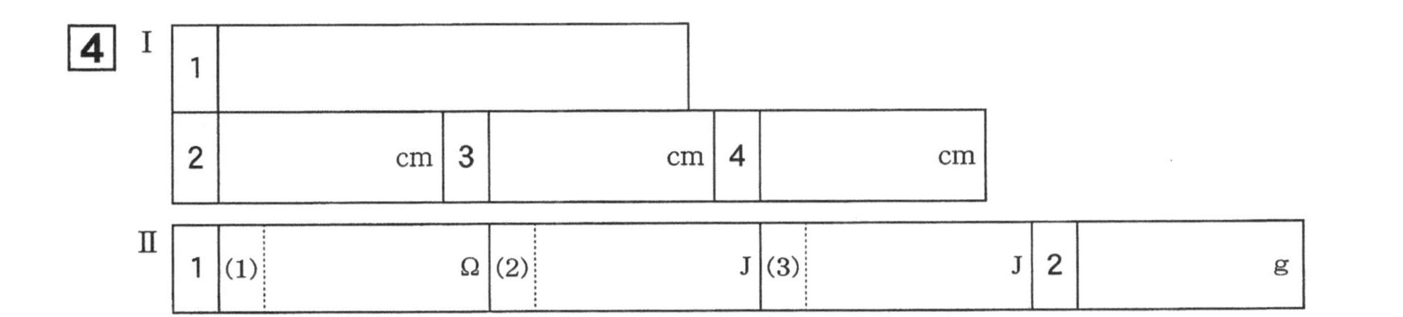

○印	志望学科・コース	受験番号
	英数科特進コース	番
	英数科英数コース	

合　計
点

※100点満点
（配点非公表）

令和４年度　**理　科**　解答用紙

1

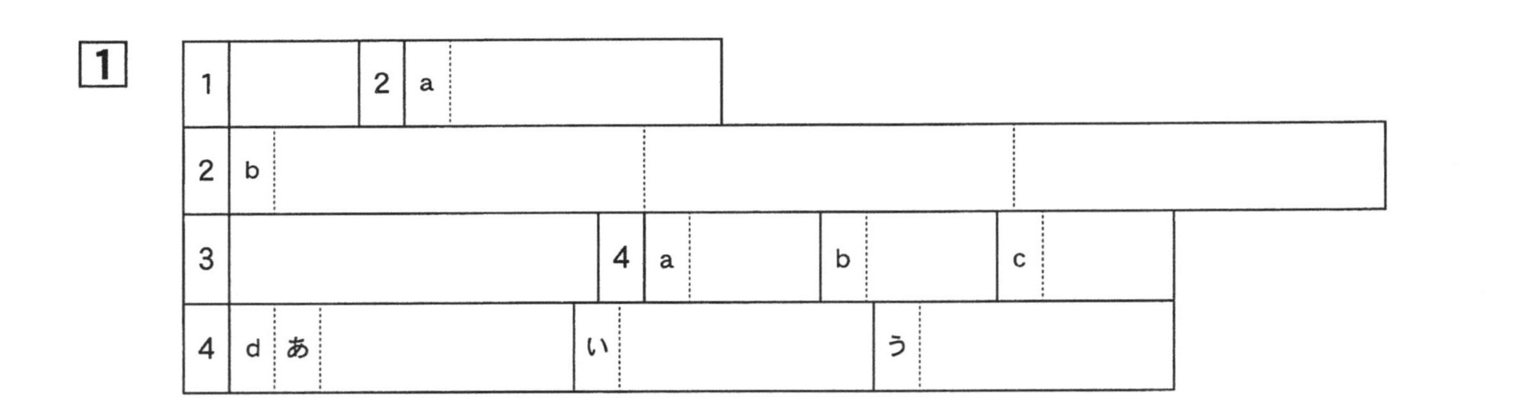

1		2	a					
2	b							
3		4	a		b		c	
4	d	あ		い		う		

2

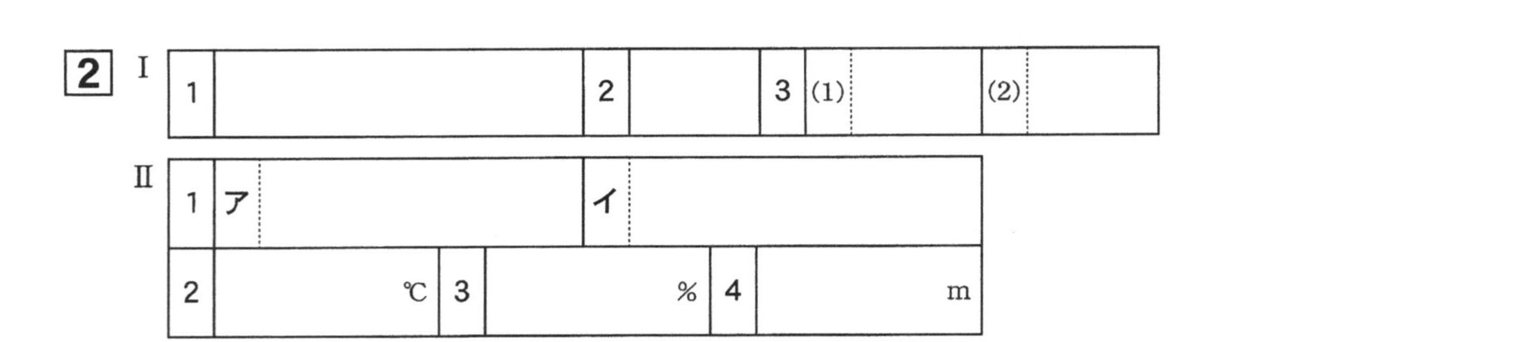

Ⅰ

1		2		3	(1)		(2)	

Ⅱ

1	ア		イ			
2	℃	3	%	4	m	

【解答

令和４年度　**社　会**　解答用紙

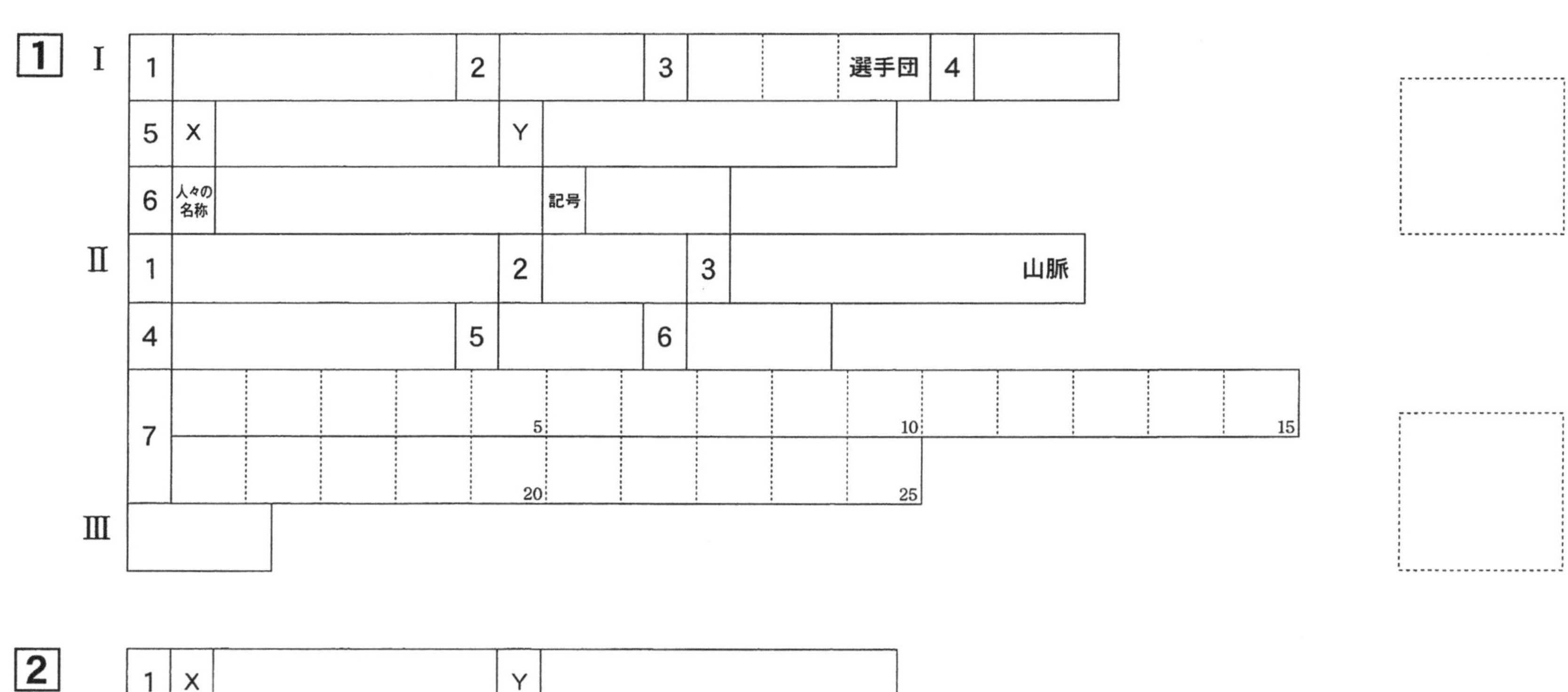

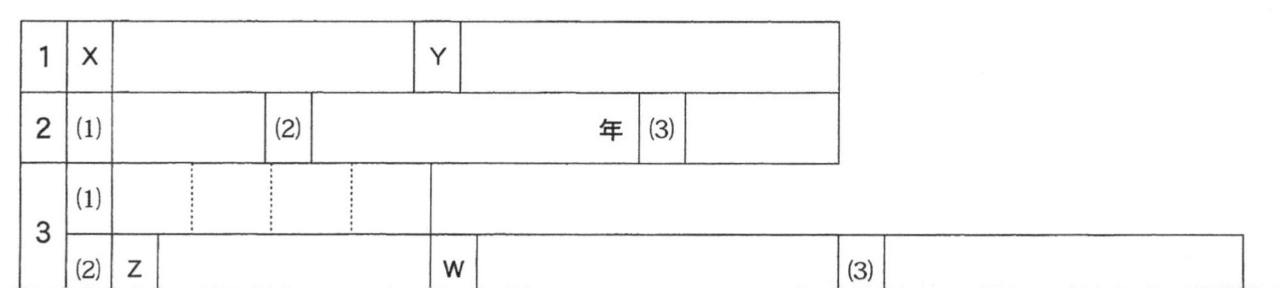

【解答

令和４年度　英　語　解答用紙

1

1	2	3	4	5

2

	２番目	４番目		２番目	４番目		２番目	４番目
1			2			3		
4			5					

3

1	2	3	4	5

4

問１	①		問２	②	e	問３	③	
問４	④		問５	⑤		問６		

	①	s	②	b	③	r

【解答

令和４年度　**数　学**　解答用紙

1

(1)	(2)	(3)	(4)	(5)

(6)	(7)	(8)	(9)	(10)
$x=$	度	cm	$a=$	個

2

(1)	(2)			
	①	②	③	④
$\begin{cases} x= \\ y= \end{cases}$				

(3)		(4)	
①	②	①	②
		(,)	(,)

(5)

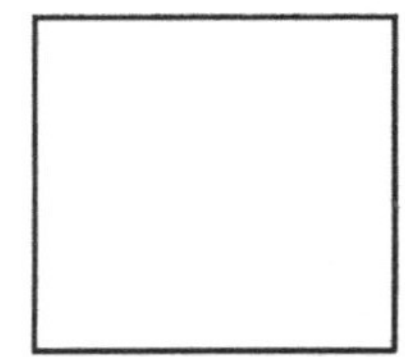

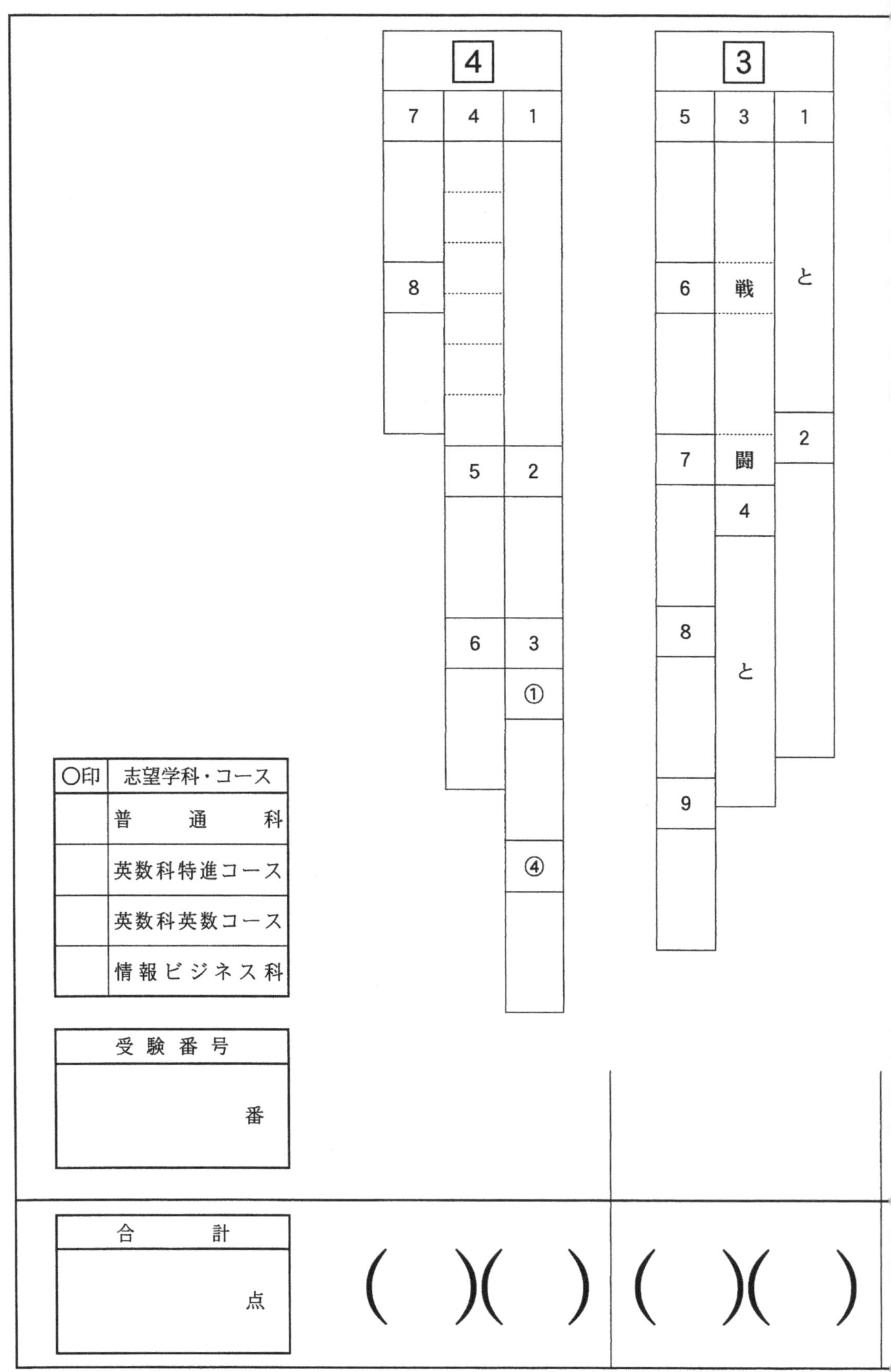
4
7
4
1
8
5
2
6
3
①
④
3
5
3
1
と
6
戦
2
7
闘
4
8
と
9
○印
志望学科・コース
普通科
英数科特進コース
英数科英数コース
情報ビジネス科
受験番号
番
合計
点

Ⅱ　ビーカーA～Dには，それぞれ，うすい水酸化ナトリウム水溶液，塩化ナトリウム水溶液，うすい水酸化バリウム水溶液，うすい塩酸のいずれかの水溶液が入っている。それぞれのビーカーの水溶液の一部を取り，フェノールフタレイン溶液を加えたところ，**表1**の結果が得られた。以下の問いに答えよ。

表1　フェノールフタレイン溶液を加えたときの変化

A	B	C	D
変化しなかった	変化しなかった	赤色になった	赤色になった

1　ビーカーAとBの水溶液の一部をそれぞれ別のビーカーにとり，貝がらを加えたところ，Aだけ気体が発生した。

(1) 発生した気体を**化学式**で答えよ。

(2) 発生した気体をある水溶液に通したら白く濁った。この水溶液は何か。適するものを次の**ア**～**エ**から1つ選び，記号で答えよ。

ア　塩化カルシウム水溶液　　**イ**　水酸化カルシウム水溶液

ウ　塩化ナトリウム水溶液　　**エ**　水酸化ナトリウム水溶液

(3) ビーカーBにはどの物質の水溶液が入っていると考えられるか。**化学式**で答えよ。

2　ビーカーCとDの水溶液を区別するために，ある水溶液を加えたところ，Dのみ白い沈殿を生じた。

(1) 加えた水溶液は何か。適するものを次の**ア**～**エ**から1つ選び，記号で答えよ。

ア　うすい硫酸　　**イ**　うすい酢酸

ウ　うすい塩酸　　**エ**　うすい硝酸

(2) ビーカーDにはどの物質の水溶液が入っていたと考えられるか。**化学式**で答えよ。

3　ビーカーAの水溶液の一部をとり，亜鉛1.0gを加えると，亜鉛がすべて反応して380cm^{3}の気体が発生した。ビーカーAの水溶液と亜鉛がすべて反応して，1.0Lの気体を発生させるには亜鉛が何g必要か。四捨五入して**小数第1位**まで答えよ。

4 次のⅠ・Ⅱについて，以下の問いに答えなさい。

Ⅰ　図1に示すような，力を加えていないときの長さが 18cm のばねAがある。ばねAの一端を固定し，他端におもりをつり下げたとき，おもりの質量とばねAののびの関係は表1のようになることがわかっている。以下の問いに答えよ。ただし，ばねAの材質と巻き方は均一であり，質量は無視できるものとする。

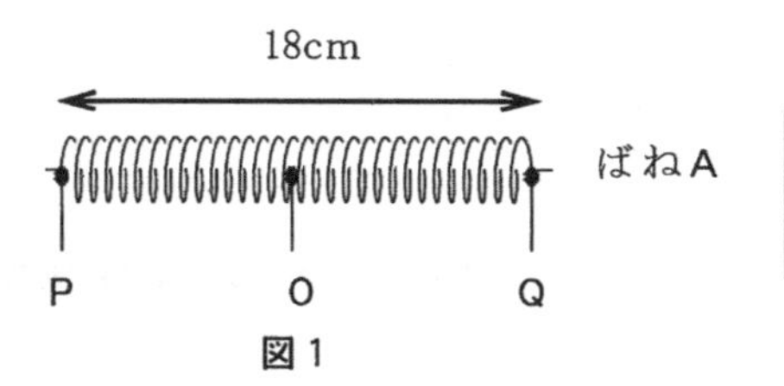

図1

表1　ばねAにつり下げるおもりの質量とのびの関係

おもりの質量〔g〕	10	20	30	40	50	60
ばねAののび〔cm〕	1.6	3.2	4.8	6.4	8.0	9.6

1　ばねののびは，ばねを引く力の大きさに比例する。この関係を何というか。

2　ばねAの両端をP，Qとし，ちょうど中央をOとする。ばねAに 60g のおもりをつり下げたとき，PO間の長さは何 cm になるか。

次に，ばねAをOで切断し，力を加えていないときの長さが9.0cmのばねを２本つくった。これらをばねA$_1$，A$_2$ とする（図２）。

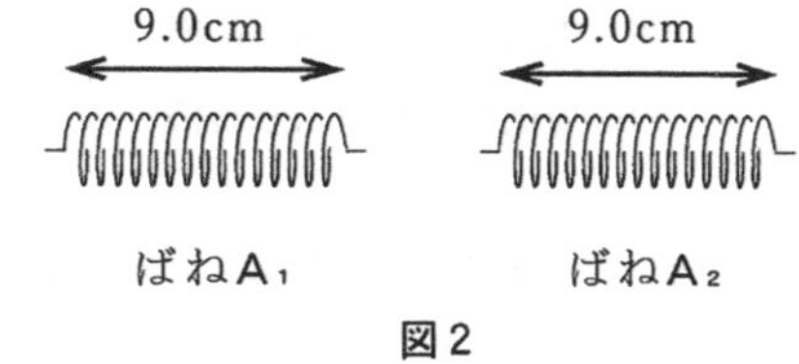

図２

3　ばねA$_1$，A$_2$を図３のように組み合わせ，質量 60g のおもりをつり下げたところ，２本のばねののびは等しくなった。ばね１本あたりののびは何 cm か。

4　ばねA$_1$，A$_2$と２個のおもり（質量 30g と 60g）を図４のように組み合わせてつり下げた。このとき，ばねA$_1$，A$_2$ののびの合計は何 cm か。

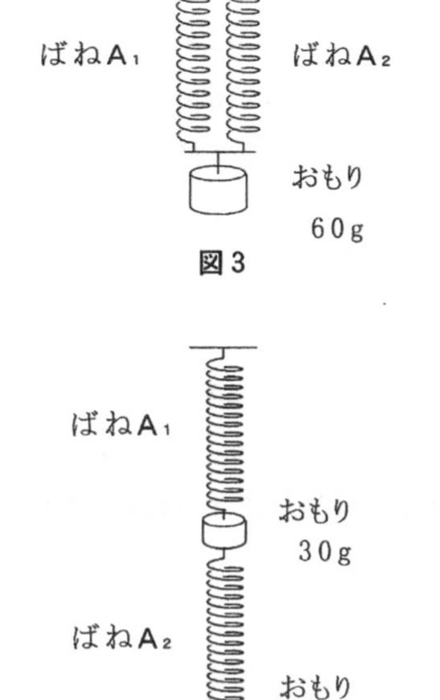

図３

図４

Ⅱ　ある液体120gが入った容器Xに，**図1**のような回路に接続された電熱線Xを入れ，電流を流した時間と液体の上昇温度との関係を調べる実験を行った。**図2**は実験結果をグラフにまとめたものである。液体の熱は外部に逃げないものとして，以下の問いに答えよ。

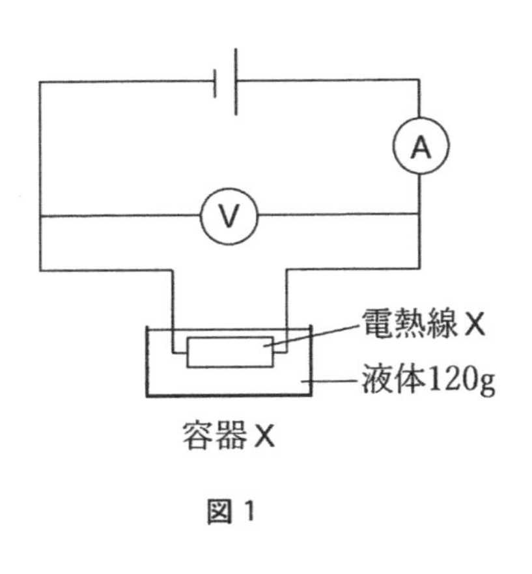

図1

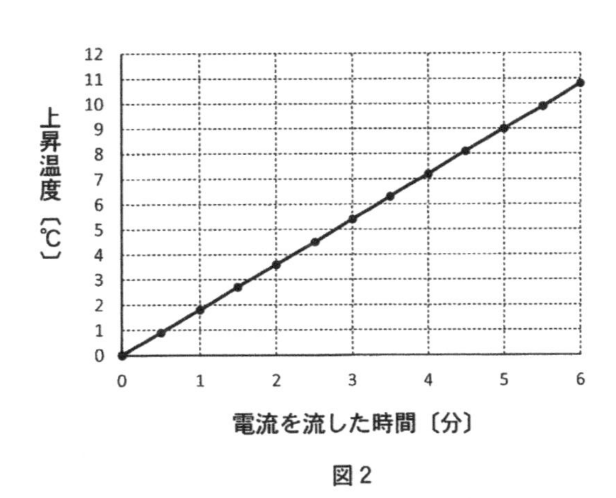

図2

1　この実験のあいだ，電圧計は12V，電流計は1.5Aを示していた。

(1)　電熱線Xの抵抗値は何Ωか。

(2)　電熱線Xから5分間で発生する熱量は何Jか。

(3)　この液体1gの温度を1℃上げるのに必要な熱量は何Jか。

2　電熱線Xの1.5倍の抵抗値をもつ電熱線Yを用意した。この電熱線Yを**図1**の回路に並列に接続し，**図3**のような回路をつくった。容器Yには容器Xと同じ種類の液体が入っている。

この回路を用いて，電熱線Yに電流を流して容器Yに入っている液体の温度を測定したところ，電流を流した時間と上昇温度との関係のグラフは**図2**と同じものが得られた。この実験のあいだ，電圧計は12Vを示していた。容器Yに入っている液体の質量は何gか。

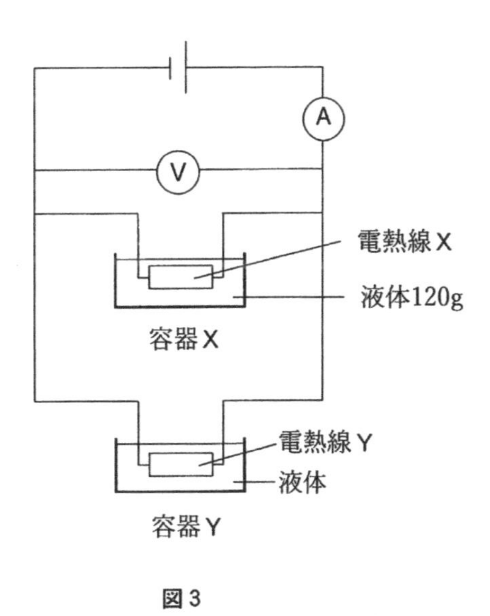

図3

2022(R4) 鹿児島高
K 教英出版